曹文轩文学课

▼

油麻地

曹文轩 著
孙海燕 点评

SPM
南方出版传媒
新世纪出版社
·广州·

图书在版编目（CIP）数据

曹文轩文学课. 油麻地 / 曹文轩著；孙海燕点评. —
广州：新世纪出版社，2021.2

ISBN 978-7-5583-2553-3

Ⅰ.①曹… Ⅱ.①曹… ②孙… Ⅲ.①阅读课—小
学—课外读物 Ⅳ.①G624.233

中国版本图书馆CIP数据核字（2020）第177858号

曹文轩文学课
油麻地
CAO WENXUAN WENXUEKE YOUMADI

曹文轩 著 孙海燕 点评

出版发行：新世纪出版社

（广州市大沙头四马路10号）

经 销：全国新华书店
印 刷：东莞市翔盈印务有限公司
（东莞市东城区莞龙路柏洲边路段）
规 格：787毫米×1092毫米
开 本：16
印 张：14.25
字 数：226千字
版 次：2021年2月第1版
印 次：2021年2月第1次印刷
定 价：28.00元

质量监督电话：020-83797655 购书咨询电话：020-83781537

目录
contents

▼

第一章

秃鹤

▼

导 读：

1. 翻到目录页，看看每一个章节标题有什么特点？

2. 对于自己的秃头，秃鹤的态度经历了怎样的变化？他做出了哪些行为？

3. "纯静的月光照着大河，照着油麻地小学的师生们，也照着世界上一个最英俊的少年……" 少年是指谁？作者为什么说他最英俊？

一

小说第一句话，作者与读者建立契约，这是一个全知视角的讲述。

秃鹤与桑桑从一年级开始，一直到六年级，都是同班同学。

秃鹤应该叫陆鹤。但因为他是一个十足的小秃子，油麻地的孩子，就都叫他为秃鹤。秃鹤所在的那个小村子，是个种了许多枫树的小村子。**每到秋后，那枫树一树一树地红起来，红得很耐看。**但这个村子里，却有许

"一树一树"写出枫叶变红的更迭和次序，表现出观察者的耐心与细致。

多秃子。他们一个一个地光着头，从那么好看的枫树下走，就吸引了油麻地小学的老师们停住了脚步，在一旁静静地看。**那些秃顶在枫树下，微微泛着红光。遇到枫叶密集，偶尔有些空隙，那边有人走过时，就会一闪一闪地亮，像沙里的瓷片。**那些把手插在裤兜里或双臂交

"秃顶"与红枫相遇，画面比较奇特，引来旁观者的笑容，对这样的笑容，秃鹤感到不满。

叉着放在胸前的老师们，看着看着就笑了起来，也不知道是什么意思。

秃鹤已许多次看到这种笑了。

但在桑桑的记忆里，秃鹤在读三年级之前，似乎一直不在意他的秃头。这或许是因为他们村也不光就他一个人是秃子，又或许是因为秃鹤还太小，想不起来自己该在意自己是个秃子。**秃鹤一直生活得很快活。有人叫他秃**

鹤，他会很高兴地答应的，**仿佛他本来就叫秃鹤，而不叫陆鹤。**

秃鹤的秃，是很地道的。他用长长的好看的脖子，支撑起那么一颗光溜溜的脑袋。这颗脑袋绝无一丝瘢痕，光滑得竟然那么均匀。阳光下，这颗脑袋像打了蜡一般地亮，让他的同学们无端地想起，夜里它也会亮的。由于秃成这样，孩子们就会常常出神地去看，并会在心里生出要用手指头蘸了一点唾沫去轻轻摩挲它一下的欲望。事实上，秃鹤的头，是经常被人抚摸的。后来，秃鹤发现了孩子们喜欢摸他的头，就把自己的头看得珍贵了，不再由着他们想摸就摸了。如果有人偷偷摸了他的头，他就会立即掉过头去判断，见是一个比他弱小的，他就会追过去让那个人在后背上吃一拳；见是一个比他有力的，他就会骂一声。有人一定要摸，那也可以，但得付秃鹤一点东西：要么是一块糖，要么是将橡皮或铅笔借他用半天。**桑桑用一根断了的格尺，就换得了两次的抚摸。**那时，秃鹤将头很乖巧地低下来，放了桑桑的眼前。桑桑伸出手去摸着，秃鹤就会数道："一回了……"桑桑觉得秃鹤的头很光滑，跟他在河边摸一块被水冲洗了无数年的鹅卵石时的感觉差不多。

秃鹤读三年级时，偶然地，好像是在一个早晨，他对自己的秃头在意起来了。秃鹤的头现在碰不得了。谁碰，他就跟谁急眼，就跟谁玩命。人再喊他秃鹤，他就不再答应了。并且，谁也不能再用东西换得一摸。油麻地的屠夫丁四见秃鹤眼馋地看他肉案上的肉，就用刀切下足有二斤重的一块，用刀尖戳了一个洞，穿了一截草绳，然后高高地举在秃鹤眼前："让我摸一下你的头，这块肉就

写出了小秃鹤的懵懂与天真，与后文自我意识的逐渐苏醒，敏感自尊形成对照。

糖果、橡皮、铅笔，甚至是断了的格尺，在孩子眼中都是难得的宝贝。

秃鹤为什么从似乎不在意秃头，到读三年级时，在意起来？有哪些表现？

归你。"说着，就要伸出油腻的手来。秃鹤说："你先把肉给我。"丁四说："先让我摸，然后再把肉给你。"秃鹤说："不，先把肉给我。"丁四等到将门口几个正在闲聊的人招呼过来后，就将肉给了秃鹤。秃鹤看了看那块肉——那真是一块好肉！但秃鹤却用力向门外一甩，将那块肉甩到了满是灰土的路上，然后拔腿就跑。丁四抓了杀猪刀追出来。秃鹤跑了一阵却不再跑了。**他从地上抓起一块砖头，转过身来，咬牙切齿地面对着抓着锋利刀子的丁四。**丁四竟不敢再向前一步，将刀子在空中挥舞了两下，说了一声"小秃子"，转身走了。

秃鹤不再快活了。

那天下大雨，秃鹤没打雨伞就上学来了。天虽下雨，但天色并不暗。因此，在银色的雨幕里，秃鹤的头，就分外地亮。同打一把红油纸伞的纸月与香椿，就闪在了道旁，让秃鹤走过去。**秃鹤感觉到了，这两个女孩的眼睛在那把红油纸伞下正注视着他的头。他从她们身边走了过去。当他转过身来看她们时，他所见到的情景是两个女孩正用手捂住嘴，遮掩着笑。**秃鹤低着头往学校走去。但他没有走进教室，而是走到了河边那片竹林里。

雨沙沙沙打在竹叶上，然后从缝隙中滴落到他的秃头上。他用手摸了摸头，一脸沮丧地朝河上望着。水面上，两三只羽毛丰满的鸭子，正在雨中游着，一副很快乐的样子。

秃鹤捡起一块瓦片，砸了过去，惊得那几只鸭子拍着翅膀往远处游去。秃鹤又接二连三地砸出去六七块瓦片，直到他的瓦片再也惊动不了那几只鸭子，他才罢手。**他**

屠夫本意可能只是想逗一下秃鹤，让自己开心，但他的举动是具有侮辱意味的，而且他对小孩子的心思不敏感，也不够尊重。

作者通过秃鹤与屠夫丁四的对峙，用具体事例写出秃鹤捍卫自我尊严的勇气与激烈。

前文老师的笑，女孩的笑，或许他们本身并无太大恶意，但对秃鹤都产生了刺激。这样的刺激不仅来源于别人，更来源于一个少年敏感的心思与强烈的自尊。

雨中，一脸沮丧的秃鹤，快乐戏水的鸭子，前者因秃头而难过，后者却羽毛丰满，通过对比，更写出秃鹤的不再快活，后文砸鸭子就有了行动逻辑。

感到有点凉了，但直到上完一节课，他才哆哆嗦嗦地走向教室。

晚上回到家，他对父亲说："我不上学了。"

"有人欺负你了？"

"没有人欺负我。"

"那为什么说不上学？"

"我就是不想上学。"

"胡说！"父亲一巴掌打在了秃鹤的头上。

秃鹤看了父亲一眼，低下头哭了。

父亲似乎突然明白了什么。他转身坐到灯光照不到的阴影里的一张凳子上，随即，秃鹤的秃头就映出了父亲手中忽明忽暗的烟卷的亮光。

第二天，父亲没有逼秃鹤上学去。他去镇上买回几斤生姜：有人教了他一个秘方，说是用生姜擦头皮，七七四十九天，就能长出头发来。他把这一点告诉了秃鹤。秃鹤就坐在凳子上，一声不吭地让父亲用切开的姜片，在头上来回擦着。父亲擦得很认真，像一个想要让顾客动心的铜匠在擦他的一件青铜器。**秃鹤很快就感到了一种火辣辣的刺痛。但秃鹤一动不动地坐着，任由父亲用姜片去擦着。**

桑桑他们再见到秃鹤时，秃鹤依然还是个秃子，只不过那秃头有了血色，像刚喝了酒一样。

不知是纸月还是香椿，当秃鹤走进教室时，闻到了一股好闻的生姜味，便轻轻说出声来："教室里有生姜味。"

当时全班的同学都在，大家就一齐嗅鼻子，只听见一片吸气声。随即都说确实有生姜味。于是又互相地闻来闻

秃鹤的身体因雨水打湿而哆哆嗦嗦，让他忍受这份寒意不去上课的，恰恰是别人的注目，不经心的玩笑，这些刺痛了他，使他内心冰凉。

父亲的斥责与巴掌，击垮了秃鹤最后的倔强，少年再也难忍委屈与不快，内心的痛苦借眼泪宣泄出来。

为了改变自己的形象，秃鹤愿意忍受火辣辣的生姜，小小少年，自尊心战胜了疼痛。

"秃头有了血色""像刚喝了酒"的比喻，乍一听让人觉得有趣好玩，但再一读却让人唏嘘难受，这正是秃鹤为了摆脱秃头努力的证明。

去，结果是好像谁身上都有生姜味，谁又都没有生姜味。

秃鹤坐在那儿不动。当他感觉到马上可能就有一个或几个鼻子顺着气味的来路嗅呀嗅的就要嗅到他，并直嗅到他的头上时，说了一声"我要上厕所"，就赶紧装出憋不住的样子跑出了教室。**他跑到了河边上，用手抠了一把烂泥，涂在了头上，然后再用清水洗去。这样反复地进行了几次，直到自己认为已经完全洗去生姜味之后，才走回教室。**

七七四十九天过去了，秃鹤的头上依然毫无动静。

夏天到了，当人们尽量从身上、脑袋上去掉一些什么时，秃鹤却戴着一顶父亲特地从城里买回的薄帽，出现在油麻地人的眼里。

秃鹤用生姜治疗自己的秃头，又小心翼翼地不想让同学发现，其中的委屈与为难令人警醒。有时候并无恶意的举动，也会令别人受伤。事关他人尊严的，一定要谨慎。

夏天戴帽子上学是生姜实验失败后，秃鹤改变自己形象的进一步努力。

二

桑桑是校长桑乔的儿子。桑桑的家就在油麻地小学的校园里，也是一幢草房子。

油麻地小学是一色的草房子。十几幢草房子，似乎是有规则，又似乎是没有规则地连成一片。它们分别用作教室、办公室、老师的宿舍，或活动室、仓库什么的。**在这些草房子的前后或在这些草房子之间，总有一些安排，或一丛两丛竹子，或三株两株蔷薇，或一片花开得五颜六色的美人蕉，或干脆就是一小片夹杂着小花的草丛。这些安排，没有一丝刻意的痕迹，仿佛这个校园，原本就是有**

草房子与竹子、蔷薇、美人蕉相映生辉，构成一幅图画。美在用心，更美在天然。好的风景描写，总是会让读者眼前、脑中迅速形成画面，并且毫无突兀之感。

的，原本就是这个样子。这一幢一幢草房子，看上去并不高大，但屋顶大大的，里面很宽敞。这种草房子实际上是很贵重的。它不是用一般稻草或麦秸盖成的，而是从三百里外的海滩上打来的茅草盖成的。**那茅草旺盛地长在海滩上，受着海风的吹拂与毫无遮挡的阳光的曝晒，一根一根地都长得很有韧性，阳光一照，闪闪发亮如铜丝，海风一吹，竟然能发出金属般的声响。**用这种草盖成的房子，是经久不朽的。这里的富庶人家，都攒下钱来去盖这种房子。油麻地小学的草房子，那上面的草又用得很考究，很铺张，比这里的任何一户人家的选草都严格，房顶都厚，因此，油麻地小学的草房子里，冬天是温暖的，夏天却又是凉爽的。**这一幢幢房子，在乡野纯静的天空下，透出一派古朴来，但当太阳凌空而照时，那房顶上金泽闪闪，又显出一派华贵来。**

桑桑喜欢这些草房子，这既是因为他是草房子里的学生，又是因为他的家也在这草房子里。

桑桑就是在这些草房子里、草房子的前后与四面八方来显示自己的，来告诉人们"我就是桑桑"的。

桑桑就是桑桑，桑桑与别的孩子不大一样，这倒不是因为桑桑是校长的儿子，而仅仅只是因为桑桑就是桑桑。

桑桑的异想天开或者做出一些出人意料的古怪的行为，是一贯的。桑桑想到了自己有个好住处，而他的鸽子却没有——他的许多鸽子还只能钻墙洞过夜或孵小鸽子，他心里就起了怜悯，决心要改善鸽子们的住处。当那天父亲与母亲都不在家时，他叫来了阿恕与朱小鼓他们几个，将家中的碗柜里的碗碟之类的东西统统收拾出来扔在墙角里，然后将这个碗柜抬了出来，根据他想象中的一个高

"闪闪发亮如铜丝"这一比喻写出了茅草的坚韧，金属般的声响跃然纸上。

草房子的古朴与华贵，不是单纯的风景，更是作者行文基调庄严的显影与折射。

桑桑做了哪些令人哭笑不得的事情？如何看待桑桑的异想天开？作者为什么要写这些出人意料的古怪行为？

级鸽笼的样子，让阿恕与朱小鼓他们一起动手，用锯子与斧头对它大加改造。四条腿没有必要，锯了。玻璃门没有必要，敲了。那碗柜本有四层，但每一层都大而无当。桑桑就让阿恕从家里偷来几块板子，将每一层分成了三档。**桑桑算了一下，一层三户"人家"，四层共能安排十二户"人家"，觉得自己为鸽子们做了一件大好事，心里觉得很高尚，自己被自己感动了。**当太阳落下，霞光染红草房子时，这个大鸽笼已在他和阿恕他们的数次努力之后，稳稳地挂在了墙上。晚上，母亲望着一个残废的碗柜，高高地挂在西墙上成了鸽子们的新家时，将桑桑拖到家中，关起门来结结实实地揍一顿。**但桑桑不长记性，仅仅相隔十几天，他又旧病复发。**那天，他在河边玩耍，见有渔船在河上用网打鱼，每一网都能打出鱼虾来，就在心里希望自己也有一张网。但家里却并无一张网。桑桑心里痒痒的，觉得自己非有一张网不可。**他在屋里屋外转来转去，一眼看到了支在父母大床上的蚊帐。这明明是蚊帐，但在桑桑的眼中，它却分明是一张很不错的网。**他三下两下就将蚊帐扯了下来，然后找来一把剪子，三下五除二地将蚊帐改制成了一张网，然后又叫来阿恕他们，用竹竿做成网架，撑了一条放鸭的小船，到河上打鱼去了。河两岸的人都到河边上来看，问："桑桑，那网是用什么做成的？"桑桑回答："用蚊帐。"桑桑心里想：我不用蚊帐又能用什么呢？两岸的人都乐。女教师温幼菊担忧地说："桑桑，你又要挨打了。"桑桑突然意识到了问题的严重性，但在两岸那么多有趣的目光注视下，他却还是很兴奋地沉浸在打鱼的快乐与冲动里。**中午，母亲见到竹篮里有两三斤鱼虾，问："哪来的鱼虾？"桑桑说："是我打的。""你打

桑桑为什么会自我感动？这反映出桑桑什么特点？

爱玩是孩子们的天性，桑桑也不例外。半个月的时间，桑桑惹了两回祸，从中可见他的没心没肺、顽皮好动。

孩童看待事物的角度是十分独特的。当玩心上来的时候，桑桑根本没把蚊帐当成蚊帐，自然也没想到失去蚊帐会有什么样的后果。

对话简洁明了，母亲匆匆忙忙，桑桑意图蒙混过关。

的？""我打的。""你用什么打的？""我就这么打的呗。"母亲忙着要做饭，没心思去仔细考查。中午，一家人高高兴兴地吃着鱼虾，吃着吃着，母亲又起了疑心："桑桑，你用什么打来的鱼虾？"桑桑借着嘴里正吃着一只大红虾，故意支支吾吾地说不清。但母亲放下筷子不吃，等他将那只虾吃完了，又问："到底用什么打来的鱼虾？"桑桑一手托着饭碗，一手抓着筷子，想离开桌子，但母亲用不可违抗的口气说："你先别走。你说，你用什么打的鱼虾？"桑桑退到了墙角里。小妹妹柳柳坐在椅子上，一边有滋有味地嚼着虾，一边高兴地不住地摆动着双腿，一边朝桑桑看着："哥哥用网打的鱼。"母亲问："他哪来的网？"柳柳说："用蚊帐做的呗。"母亲放下手中的碗筷，走到房间里去。过不多一会儿，母亲又走了出来，对着拔腿已跑的桑桑的后背骂了一声。但母亲并没有追打。晚上，桑桑回来后，母亲也没有打他。母亲对他的惩罚是：将他的蚊帐摘掉了。**而摘掉蚊帐的结果是：他被蚊子叮得浑身上下到处是红包，左眼红肿得发亮。**

　　眼下的夏天，是地地道道的夏天。太阳才一露脸，天地间便弥漫开无形的热气，**而当太阳如金色的轮子，轰隆隆滚动过来，直滚到人的头顶上时，天地间就仿佛变得火光闪闪了。河边的芦苇叶晒成了卷，一切植物都无法抵抗这种热浪的袭击，而昏昏欲睡地低下了头。**大路上，偶尔有人走过，都是匆匆的样子，仿佛在这种阳光下一旦待久了，就会被烧着似的。会游泳与不会游泳的孩子，都被这难忍的炎热逼进了河里。因此，河上到处是喧闹声。

　　桑桑已在水中泡了好几个钟头了，现在他先到岸上来吃个香瓜，打算吃完了再接着下河去。他坐在门槛上一

桑桑用父母的蚊帐做网打鱼，全忘了蚊帐的原本功能，之后被蚊子叮得浑身包，或许可以提醒他，做事情得考虑周全。桑桑一门心思做网，兴致勃勃打鱼，全家高高兴兴吃鱼虾，最后桑桑却要被蚊子叮，其中的反转充满戏剧性。

炎热扑面而来，头顶的火轮将夏天的炙烤形容得异常贴切。

一切植物"昏昏欲睡地低下了头"的拟人手法，生动传神，连植物都扛不住酷热，何况夏日里的人们。

边吃着，一边看着母亲拿了根藤条抽打着挂满了一院子的棉被与棉衣。**他知道，这叫"曝伏"，就是在最炎热的伏天里将棉被棉衣拿到太阳光下来晒，只要晒上那么一天，就可以一直到冬天也不会发霉。**母亲回屋去了。桑桑吃完瓜，正想再回到河里去，但被突发的奇想留住了。**他想：在这样的天气里，我将棉衣棉裤都穿上，人会怎样？**他记得那回进城，看到卖冰棍的都将冰棍捂在棉套里。他一直搞不清楚为什么被棉套死死捂着，冰棍反而不融化。这个念头缠住了他。桑桑这个人，很容易被一些念头所缠住。

不远处，纸月正穿过玉米丛中的田埂，上学来了。纸月戴了一顶很好看的凉帽，一路走，一路轻轻地用手抚摸着路边的玉米叶子。那时，玉米正吐着红艳艳的或绿晶晶的穗子。纸月不太像乡下的小女孩，在这样的夏天，她居然还是那么白。**她的脸以及被短袖衫和短裤留在外面的胳膊与腿，在玉米丛里一晃一晃地闪着白光。**

桑桑往屋里瞥了一眼，知道母亲已在竹床上午睡了，就走到了院子里。**他汗淋淋的，却挑了一件最厚的棉裤穿上，又将父亲的一件肥大的厚棉袄也穿上了身，转眼看到大木箱里还有一顶父亲的大棉帽子，自己一笑，走过去，将它拿出，也戴到了水淋淋的头上。**桑桑的感觉很奇妙，他前后左右地看了一下，立即跑出了院子，跑到了教室中间的那片空地上。

那时，纸月也已走进了校园。

但桑桑装着没有看见她，顺手操了一根竹竿，大模大样地在空地上走。

首先发现桑桑的是蒋一轮老师。那时，他正在树荫下的一张竹椅上打盹，觉得空地上似乎有个人在走动，一侧

很多有趣的民俗，蕴含着代代相袭的智慧。

桑桑为什么容易被一些念头缠住？这反映出桑桑怎样的性格特征？结合桑桑前文的一系列行为来看，这一次桑桑可能会怎么做？

秀美的小女孩行走在绿色的田埂中，皮肤白到发光，与"红艳艳""绿晶晶"相映生辉，像一首优美的田园诗。

桑桑最好玩的地方，不仅仅在于他不时的异想天开，还在于他非常有行动力，总是很快将自己的想法落到实处。

"装着"这一动词，点出了桑桑的小心思，他在意观众里有纸月，或许这么敏捷的行动，主要就是为了纸月，但因为羞涩，因为自尊，他要对纸月"视而不见"。作者很用心地揣摩小男孩的心思，贴着人物写，人物生动鲜活。

脸，就看见了那样一副打扮的桑桑。他先是不出声地看，终于忍俊不禁，扑哧一声笑出来。随即起来，把老师们一个一个地叫了出来："你们快来看桑桑。"

过一会儿就要上课了，各年级的学生们正在陆续地走进校园。

桑桑为他们制造了一道风景。桑桑经常为人们制造风景。

纸月将身子藏在一棵粗壮的梧桐树后，探出脸来看着桑桑。

"藏"这一动词，写出了纸月的羞涩，但是羞涩挡不住好奇，她还是要探出脸来看风景。

桑桑似乎看到了那一对乌溜溜的眼睛，又似乎没有看见。

空地周围围了许多人，大家都兴高采烈地看着。不知是谁"嗷"了一声，随即得到响应，"嗷嗷"声就在这火辣辣的天空下面回响不止，并且愈来愈响。桑桑好像受到了一种鼓舞，拖着竹竿，在这块空地上，小疯子一样走起圆场来。

大家在盛夏高温中的"嗷嗷"声，颇有热烈舞台的氛围，而桑桑正是那个接受喝彩的主角。

不一会儿，"嗷嗷"声又转换成很有节奏的"桑桑！桑桑！……"的叫声。

桑桑就越发起劲地走动，还做出一些莫名其妙的动作来。桑桑将这块空地当作了舞台，沉浸在一种荡彻全身的快感里。汗珠爬满了他的脸，汗水流进了他的眼睛，使他睁不开眼睛。睁不开眼睛就睁不开眼睛。他就半闭着双眼打着圆场。或许是因为双眼半闭，或是因为无休止地走圆场，桑桑就有了一种陶醉感，与那回偷喝了父亲的酒之后的感觉一模一样。

桑桑是有表演欲望的孩子，这是生命活力的迸发，也是在别人的观看中，完成一种自我确认与陶醉。或许，有些人天生就是需要被"看见"，这是与世界互动的一种方式。

四周是无数赤着的上身，而中间，却是隆冬季节中一个被棉衣棉裤紧紧包裹的活生生的人。有几个老师一边看，一边在喉咙里咯咯咯地笑，还有几个老师笑得弯下腰去，然后跑进屋里喝口水，润了润笑干了的嗓子。

桑桑这回是出尽了风头。

正当大家看得如痴如狂时，油麻地小学又出现了一道好风景：秃鹤第一回戴着他父亲给他买的帽子上学来了。

不知是谁第一个看到了秃鹤："你们快看呀，那是谁？"

"秃鹤！""秃鹤！""是秃鹤！"

那时，秃鹤正沿着正对校门的那条路，很有派头地走过来。

秃鹤瘦而高，两条长腿看倒也好看，只是稍微细了一点。现在，这两条长腿因穿了短裤，暴露在阳光下。**他迈动着这样的腿，像风一般，从田野上荡进了校园。**秃鹤光着上身，赤着脚，却戴了一顶帽子——这个形象很生动，又很滑稽。或许是因为人们看桑桑这道风景已看了好一阵，也快接近尾声了，或许是因为秃鹤这个形象更加绝妙，人们的视线仿佛听到了一个口令，齐刷刷地从桑桑的身上移开，转而来看秃鹤，就把桑桑冷落下了。

秃鹤一直走了过来。他见到这么多人在看他，先是有点小小的不自然，但很快就换到了另样的感觉里。他挺着瘦巴巴的胸脯，有节奏地迈着长腿，直朝人群走来。现在最吸引人的就是那顶帽子：雪白的一顶帽子，这样的白，在夏天就显得很稀罕，格外显眼；很精致的一顶帽子，有优雅的帽舌，有细密而均匀的网眼。它就这样地戴在秃鹤的头上，使秃鹤陡增了几分俊气与光彩。

仿佛来了一位贵人，人群自动地闪开。

没有一个人再看桑桑。桑桑看到梧桐树后的纸月，也

"荡"这一动词描述风飘移的平稳与迅捷，如风荡进校园，写出了秃鹤此刻来得出其不意。

秃鹤此时受到的关注不再是因为秃头，而是漂亮的新帽子带来的俊气和光彩，他也很享受这种舞台上的感觉。

"贵人"的说法貌似夸张，恰好写出了秃鹤戴上新帽子的威风和自信。

转过身子看秃鹤去了。**桑桑仿佛是一枚枣子，被人有滋有味地吃了肉，现在成了一枚无用的枣核被人唾弃在地上。**他只好拖着竹竿，尴尬地站到了场外，而现在走进场里来的是潇洒的秃鹤。

"无用的枣核"这一比喻，形象地写出桑桑被抢风头之后的失落与尴尬，也为下文他如此积极地抢秃鹤的帽子埋下伏笔。

三

当时，那纯洁的白色将孩子们全都镇住了。加上秃鹤一副自信的样子，孩子们别无心思，只是一味默默地注视着。但在仅仅过了两天之后，他们就不再愿意恭敬地看秃鹤了，心里老有将那顶帽子摘下来再看一看秃鹤的脑袋的欲望。几天看不见秃鹤的脑袋，他们还有点不习惯，觉得那是他们日子里的一个不可缺少的点缀。

孩子们对白帽子的猎奇心两天就过去了，他们对看不见秃鹤的脑袋开始不太习惯，却不曾想到秃鹤想用帽子维护尊严的一片苦心。

桑桑还不仅仅有那些孩子的一般欲望，他还有他自己的念头：那天，是秃鹤的出现，使他被大家冷落了，他心里一直在生气。

桑桑对秃鹤的关注，具有两层心理，既有孩子们寻常的好奇心，又有前几天被抢风头的不甘心。

这天下午，秃鹤的同桌在上完下午的第一节课后，终于克制不住地一把将那顶帽子从秃鹤的头上摘了下来。

"哇！"先是一个女孩看到了，叫了起来。

于是无数对目光，像夜间投火的飞蛾，一齐聚到了那颗已几日不见的秃头上。大家就像第一次见到这颗脑袋一样感到新奇。

把聚焦的"目光"比作"夜间投火的飞蛾"，是化抽象为具体，传达出了"唰"一下聚集的感觉，写出了孩子们追求新奇的心性。

秃鹤连忙一边用一只手挡住脑袋，一边伸手向同桌叫着："给我帽子！"

同桌不给，拿了帽子跑了。

秃鹤追过去："给我！给我！给我帽子！"

同桌等秃鹤快要追上时，将帽子一甩，就见那帽子像只展翅的白鸽飞在空中，未等秃鹤抢住，早有一个同学爬上课桌先抓住了。秃鹤又去追那个同学，等秃鹤快要追上了，那个同学如法炮制，又一次将那顶白帽甩到了空中。然后是秃鹤四处追赶，白帽就在空中不停地飞翔。这只"白鸽"就成了一只被许多人攥着、失去落脚之地而不得不停一下就立即飞上天空的"白鸽"。

秃鹤苦苦地叫着："我的帽子！我的帽子！"

帽子又一次地飞到了桑桑的手里。桑桑往自己的头上一戴，在课桌中间东挪西闪地躲避紧追不舍的秃鹤。桑桑很机灵，秃鹤追不上。等有了段距离，桑桑就掉过头来，将身子站得笔直，做一个立正举手敬礼的样子，眼看秃鹤一伸手就要夺过帽子了，才又转身跑掉。

后来，桑桑将帽子交给了阿恕，并示意阿恕快一点跑掉。阿恕抓了帽子就跑，秃鹤要追，却被桑桑正好堵在了走道里。等秃鹤另寻空隙追出门时，阿恕已不知藏到什么鬼地方去了。

秃鹤在校园里东一头西一头地找着阿恕："我的帽子，我的帽子……"脚步越来越慢，越来越小，眼睛里已有了眼泪。

阿恕却早已穿过一片竹林，重又回到了教室。

桑桑对阿恕耳语了几句，阿恕点点头，抓了帽子，从后窗又跑了出去。而这时，桑桑将自己的书包倒空，团成一团，塞到了背心里，从教室里跑出去，见了秃鹤，拍拍鼓鼓的胸前："帽子在这儿！"转身往田野上跑去。

帽子被摘之后，秃鹤一边用手遮挡脑袋，抵挡无数好奇的目光，一边苦苦叫着，讨还自己的帽子，却被班里同学集体戏弄。此刻的他其实很让人心疼，只是那些戏弄他的孩子不懂他的痛。有同理心，设身处地体会他人的痛苦，不单单要仰仗天性里的善良，更需要后天的唤醒与滋养，这个过程叫成长。

秃鹤找帽子是很用心的，他"东一头""西一头"去找，但渐渐被刺痛的自尊心，以及找不到帽子的失望，使他越来越疲惫，"脚步越来越慢，越来越小，眼睛里已有了眼泪"，这些细节都让人同情秃鹤的遭遇。

桑桑在这场捉弄秃鹤的活动中扮演主谋角色，他的机灵这次却用在了捉弄同学上。

秃鹤虽然已没有什么力气了，但还是追了过去。

桑桑将秃鹤引出很远。这时，他再回头往校园看，只见阿恕正在爬旗杆，都已爬上去一半了。

阿恕和桑桑里应外合，把秃鹤耍了个团团转，后文秃鹤才会那么生气、恼怒。

秃鹤揪住了桑桑："我的帽子！"

桑桑说："我没有拿你的帽子。"

秃鹤依然叫着："我的帽子！"

"我真的没有拿你的帽子。"

秃鹤就将桑桑扑倒在田埂上："我的帽子！"他掀起了桑桑的背心，见是一个皱巴巴的书包，打了桑桑一拳，哭了。

桑桑"哎哟"叫唤了一声，却笑了，因为，他看见那顶白色的帽子，已被阿恕戴在了旗杆顶上那个圆溜溜的木疙瘩上。

等秃鹤与桑桑一前一后回到校园时，几乎全校的学生都已到了旗杆下，正用手遮住阳光在仰头看那高高的旗杆顶上的白帽子。当时天空十分地蓝，衬得那顶白帽子异常耀眼。

"异常耀眼"的描述，饱含作者对秃鹤被捉弄的怜惜与同情。

秃鹤发现了自己的帽子。他推开人群，走到旗杆下，想爬上去将帽子摘下，可是连着试了几次，都只是爬了两三米，就滑跌在地上，倒引得许多人大笑。

秃鹤倚着旗杆，瘫坐着不动了。脑袋歪着，咬着牙，噙着泪。

秃鹤的眼泪，终于使旁观的同学明白，这并不是一个多好玩的游戏，也没有那么好笑，因为主角秃鹤噙着泪，很受伤。

没有人再笑了，并有人开始离开旗杆。

有风。风吹得那顶白帽子在旗杆顶上微微旋转摆动，好像是一个人在拨弄自己的帽子是否已经戴正。

蒋一轮来了，仰头望了望旗杆顶上的帽子，问秃鹤："是谁干的？"

这里，面对老师蒋一轮的质问，阿恕、秃鹤、桑桑三人不同的回答和反应体现了三人什么样的性格？

孩子们都散去了,只剩下阿恕站在那里。

"你干的?"蒋一轮问。

阿恕说:"是。"

秃鹤大声叫起来:"不,是桑桑让人干的!"

秃鹤站起来,打算将桑桑指给蒋一轮看,桑桑却一矮身子,躲到树丛里去了。

秃鹤有自己的骄傲和倔强,纵然一片混乱,他还是盯紧了"幕后主使"——桑桑。与阿恕的留下与坦诚相比,逃走的桑桑此刻表现得有些怯懦。

蒋一轮命令阿恕将帽子摘下还给秃鹤,**秃鹤却一把将阿恕摘下的帽子打落在地:"我不要了!"说罢,脖子一梗,直奔桑桑家。进了桑桑家院子,秃鹤仰面朝天,将自己平摆在了院子里。**

桑桑的母亲出来问秃鹤怎么了,秃鹤不答。桑桑的母亲只好出来找桑桑。桑桑没有找到,但从其他孩子嘴里问明了情况,就又回到了院子里哄秃鹤:"好陆鹤,你起来,我饶不了他!"

找帽子的过程中,秃鹤一直强忍着,噙着泪,但被桑桑母亲一哄,泪水才流下来,一滴又一滴,直到"把泥土湿了一片",可见秃鹤的伤心。

秃鹤不肯起来,泪水分别从两眼的眼角流下来,流到耳根,又一滴一滴落在泥土上,把泥土湿了一片。

后来,还是刚从外面回来的桑乔才将秃鹤劝走。

桑桑从学校的树丛里钻出去,又钻到了校外的玉米地里,直到天黑也没有敢回家。母亲也不去呼唤他回家,还对柳柳说:"不准去喊他回家,就让他死在外面!"

周围环境的寂寥,正好衬托了桑桑的恐惧、伤感与失落。

起风了,四周除了玉米叶子的沙沙声与水田里的蛙鸣,就再也没有其他声响。

桑桑害怕了,从玉米地里走到田埂上。他遥望着他家那幢草房子里的灯光,知道母亲没有让他回家的意思,很伤感,有点想哭。但没哭,转身朝阿恕家走去。

母亲不愿意纵容桑桑的顽皮,故意冷落以示惩罚,不唤桑桑回家,但又情不自禁地担心他,慈母心肠。

母亲等了半夜,见桑桑真的不回家,反而在心里急了。嘴里说着不让人去唤桑桑回家,却走到院门口去四处

张望。

阿恕的母亲怕桑桑的母亲着急，摸黑来到了桑桑家，说："桑桑在我家，已吃了饭，和阿恕一起上床睡觉了。"

桑桑的母亲知道桑桑有了下落，心里的火顿时又起来了。 对阿恕的母亲说是让桑桑回来睡觉，但当她将桑桑从阿恕的床上叫醒，让他与她一起走出阿恕家，仅仅才两块地远，就用手死死揪住了桑桑的耳朵，直揪得桑桑龇牙咧嘴地乱叫。

桑乔早等在路口，说："现在就去陆鹤家向人家道歉。"

当天夜里，熟睡的秃鹤被父亲叫醒，朦朦胧胧地见到了看上去可怜巴巴的桑桑，并听见桑桑吭哧吭哧地说："我以后再也不摘你的帽子了……"

四

秃鹤没有再戴那顶帽子。**秃鹤与大家的对立情绪日益加深。** 秃鹤换了念头：我就是个秃子，怎么样？！因为有了这个念头，即使冬天来了，他本来是可以顺理成章地与别人一样戴顶棉帽子的，他也不戴。大冬天里，露着一颗一毛不存的光脑袋，谁看了谁都觉得冷。他就这样在寒风里，在雨雪里，顶着光脑袋。他就是要向众人强调他的秃头：我本来就是个秃子，我没有必要瞒人！

不知儿子去向时，母亲担心与不安占了上风，而确认儿子安全后，之前的怒火便重新燃起，母亲的心理转折既真实又有趣，严厉与仁爱并存。

睡得"朦朦胧胧"的秃鹤，和"吭哧吭哧"的桑桑，在深夜里进行和解，这些体现细节的叠词颇具趣味性和真实感。

老师们的笑，女同学的笑，擦生姜实验的失败，再加上"帽子事件"被众人戏弄，层层加码，秃鹤心中难免生出怨尤，这种情绪无处发泄，只能通过与大家对立来呈现。

这个星期的星期三上午，这一带的五所小学(为一个片)，要在一起汇操，并要评出个名次来。这次汇操地点就在油麻地小学。

油麻地小学从星期一开始，就每天上午拿出两节课的时间来练习方阵、列队、做操。**一向重视名誉的桑乔，盯得很紧，并不时地大声吼叫着发脾气。这个形象与平素那个头发梳理得一丝不苟、浑身上下竟无一星灰尘、裤线折得锋利如刀的斯文形象似乎有点格格不入。**但只要遇到与学校荣誉相关的事情，他就会一改那副斯文的样子，整天在校园里跳上跳下，一见了他不满意的地方，就会朝老师与学生大声地叫喊。他常弄得大家无所适从，要么就弄得大家很不愉快，一个个消极怠工。这时候，他就独自一人去做那件事，直累得让众人实在过意不去了，又一个个参加了进来。

桑乔是全区有名的校长。

"这次汇操，油麻地小学必须拿第一，哪个班出了问题，哪个班的班主任负责！"桑乔把老师们召集在一起，很严肃地说。

汇操的头一天，桑桑他们班的班主任蒋一轮，将秃鹤叫到办公室，说："你明天上午就在教室里待着。"

秃鹤问："明天上午不是汇操吗？"

蒋一轮说："你就把地好好扫一扫，地太脏了。"

"不，我要参加汇操。"

"汇操人够了。"

"汇操不是每个人都要参加的吗？"

"说了，你明天就在教室里待着。"

"为什么？"

桑乔对名誉有着强烈的渴望，但是强烈的渴望背后藏着的往往是缺憾，这是一个有故事的人。

班主任蒋一轮并没有点破不让秃鹤参加汇操的真正原因，而是找了各种理由来搪塞秃鹤，但秃鹤有自己的倔强，对班主任的阻止一一做了回驳。

因为秃头，蒋一轮拒绝秃鹤参加汇操，老师的歧视，使得秃鹤更加愤怒，他要有所行动。

蒋一轮用眼睛瞥了一下秃鹤的头。

秃鹤低下头朝办公室外边走。在将要走出办公室时，他用脚将门"咚"地狠踢了一下。

第二天早上，其他四所小学校的学生们，在老师们的严厉监督下，从不同的方向朝油麻地小学的操场鱼贯而入。歌声此起彼伏，在寒冷的冬天，硬是渲染出一番热气腾腾的景象。

蒋一轮走到教室里，并没有看到秃鹤，就问班上同学："见到陆鹤没有？"

有同学说："他在操场的台子上。"

蒋一轮听罢，立即奔到操场，果然见到秃鹤正坐在本是给那些学校的校长们预备的椅子上。他立即走上那个土台，叫道："陆鹤。"

听到蒋一轮叫自己的名字，秃鹤的反应很冷漠。因为周围人的歧视，他的内心积攒了太多委屈，对蒋一轮此刻也怀有抵触心理。

秃鹤不回头。

蒋一轮提高了嗓门："陆鹤。"

秃鹤勉强转过头去，但看了一眼蒋一轮，又把脸转过去朝台下那些来自外校的学生们望。

台下的学生们正朝秃鹤指指点点，并在嘻嘻嘻地笑。

蒋一轮拍了一下秃鹤的肩膀："走，跟我回教室。"

秃鹤决不让步："我要参加汇操。"

其实此处蒋一轮老师的表现不够好，他未能很好地体贴陆鹤的想法，导致事情越闹越大。

"你也要参加汇操？"蒋一轮不自觉地在喉咙里笑了一声。

这一声笑刺痛了秃鹤，使秃鹤变得很怪，他站起来，走到台口去，朝下面的同学龇着牙，故意地傻笑。

蒋一轮连忙追到台口："跟我回教室，你听到没有？"

"我要参加汇操！"

蒋一轮只好说："好好好，但你现在跟我回教室！"说着，连拖带拉地将他扯下了台。

"我要参加汇操！"

蒋一轮说："那你必须戴上帽子。"

"我没有帽子。"

"我去给你找帽子。你先站在这里别动。"蒋一轮急忙跑回宿舍，将自己的一顶闲置的棉帽子从箱子里找出来，又匆匆忙忙跑回来给秃鹤戴上了。

> 蒋一轮老师并没有仔细与秃鹤沟通了解情况，疏导心结，而是采取遮掩，用帽子让秃鹤"合群"，不引人注目就行了。

秃鹤将棉帽摘下，摸了摸自己的脑袋，又将棉帽戴上，然后讥讽而又带了点恶毒地一笑，站到了已经集合好的队伍里去了。

汇操开始了，各学校的校长们"一"字坐到了台上，露出一对对自得与挑剔的目光。

> 对各位校长着墨不多，但"一对对自得与挑剔的目光"，写出了他们对汇操表演的重视，对学校形象的在意。

各学校都是精心准备好了到油麻地小学来一决雌雄的，一家一家地进行，一家一家都显得纪律严明，一丝不苟。**虽说那些孩子限于条件，衣服难免七长八短，或过于肥大又或过于短促，但还是整洁的。低年级的孩子，十有八九，裤子下垂，仿佛随时都有可能当众滑落，在寒冬腊月里露出光腚，但眼睛却是瞪得溜圆，一副认真到家的样子。**各家水平相近，外行人不大看得出差异。但那些校长们却很快就在心里写出了分数。

> 曹文轩从未刻意美化那个时代，物质匮乏生活困窘，但是孩子们的精气神还是很值得肯定的。

油麻地小学是东道主，最后一家出场。

当第四所小学进行到一半时，桑乔脸上就已露出一丝让人觉察不到的笑容。**因为就他所见到的前四家的水平，油麻地小学在这一次的汇操中拿第一，几乎已是囊中取物。**桑乔早把油麻地小学吃透了，很清楚地知道它在什么水平上。他不再打算看完人家的表演，却把目光转移开

> "囊中取物"四个字写出了桑乔校长的自得，正因为他此刻如此肯定，后面事情发展偏离预期，才使对比更加鲜明。

去，望着场外正准备入场、跃跃欲试的油麻地小学的大队伍。桑乔对荣誉是吝啬的，哪怕是一点点小荣誉，他也绝不肯轻易放过。

第四所小学表演一结束，油麻地小学的队伍风风火火迅捷地占领了偌大一个操场。

操场四周种植的都是白杨树。它们在青灰色的天空下，笔直地挺立着。脱尽叶子而只剩下褐色树干之后的白杨，显得更为劲拔。

油麻地小学的表演开始了。一切正常，甚至是超水平发挥。桑乔的笑容已克制不住地流露出来。他有点坐不住了，想站起来为油麻地小学的学生们鼓掌。

当表演进行了大约三分之二，整个过程已进入最后一个高潮时，**一直面孔庄严的秃鹤，突然地将头上的帽子摘掉，扔向远处。那是一顶黑帽子，当飞过人头时，让人联想到那是一只遭到枪击的黑乌鸦从空中跌落了下来。这**使队伍出现了一阵小小的骚动。**紧接着，是场外的人，如久闭黑暗之中忽然一下看见了一盏大放光明的灯火，顿时被秃鹤那颗秃头吸引住了。**那时候的孩子上学，年龄参差不齐，秃鹤十岁才进校门，本就比一般孩子高出一头，此时，那颗秃头就显得格外突出。其他孩子都戴着帽子，并且都有一头好头发。而他是寸毛不长，却大光其头。这种戏剧性的效果，很快产生。**场外的哄笑，立即淹没了站在台子上喊口令的那个女孩的口令声，油麻地小学的学生们一下子失去了指挥，动作变得凌乱不堪。场外的笑声又很快感染了场内的人，他们也一边做着动作，一边看着秃鹤的头，完全忘记了自己为油麻地小学争得荣誉的重任。先**是几个女生笑得四肢发软，把本应做得很结实的动作，做

此处加入的风景描写更显风范，风景描写是作者把握叙事节奏的重要手段，使得小说叙事更加从容，故事营造更有意境。

秃鹤此时的表现让大家诧异，"黑乌鸦从空中跌落"这一比喻写出了众人的错愕，同时似乎预示了这顶黑帽子会带来不好的后果。

久闭黑暗之中突见灯火，场外人的惊讶跃然纸上，秃鹤给看汇操表演的人，打开了另一个世界。

一片笑声中，秃鹤全神贯注地做着自己的动作，这个孩子并不简单。

得像檐口飘下来的水一样不成形状。紧接着是几个平素就很不老实的男生趁机将动作做得横七竖八完全走样。其中的一个男生甚至像打醉拳一般东摇西晃，把几个女生撞得连连躲闪。

桑乔一脸尴尬。

只有秃鹤一人却像什么事情也没有发生，全神贯注地做着应该做的动作，简直是滴水不漏。做到跳跃动作时，只见他像装了弹簧一样，在地上轻盈地弹跳。那颗秃头，便在空中一耸一耸。**当时，正是明亮的阳光从云罅中斜射下来，犹如一个大舞台上的追光灯正追着那个演员，秃鹤的秃头便在空中闪闪发亮。**

犹如被追光灯照射，秃鹤的秃头吸引了所有的目光。

桑乔都克制不住地笑了，但他很快把笑凝在脸上。

就这样，秃鹤以他特有的方式报复了他人的轻慢与侮辱。

五

但秃鹤换得的是众人的冷淡，因为他使大家失去了荣誉，使油麻地小学蒙受了"耻辱"。孩子们忘不了那天汇操结束之后，一个个灰溜溜地从人家眼皮底下退出场外，退回教室的情景，忘不了事后桑乔的勃然大怒与劈头盖脸的训斥。

秃鹤想讨好人家。比如朱淼淼的纸飞机飞到房顶上去够不着了，秃鹤就吭哧吭哧地搬了两张课桌再加上一张

秃鹤报复了他人的轻慢与侮辱，但也招致了众人冷淡，此刻的秃鹤却想讨好大家，他毕竟只是一个孩子，还不能忍受孤独。此时的秃鹤有点儿可怜，他还没有足够的力量对抗众人，他需要朋友。

长凳，爬到了房顶上，将纸飞机取了下来。但朱淼淼并未接过秃鹤双手递过来的纸飞机，看也不看地说："这架飞机，我本来就不要了。"秃鹤说："挺好的一架飞机，就不要了。"他做出很惋惜的样子，然后拿了纸飞机，到草地上去放飞。本来就是架不错的纸飞机，飞得又高又飘，在空中忽高忽低地打旋，迟迟不落。**他做出玩得很快活的样子，还"嗷嗷嗷"地叫，但他很快发现，别人并没有去注意他。他又放飞了几次，然后呆呆地看着那架纸飞机慢慢地飞到水塘里去了。**

　　这天，秃鹤独自一人走在上学的路上，被一条从后面悄悄地追上来的野狗狠咬了一口，他"哎哟"叫唤了一声，低头一看，小腿肚已鲜血如注。等他抓起一块砖头，那野狗早已逃之夭夭了。他坐在地上，歪着嘴，忍着疼痛，从路边掐了一枚麻叶，轻轻地贴在伤口上。**然后，他找了一根木棍拄着，一瘸一拐地往学校走。等快走到学校时，他把一瘸一拐的动作做得很大。他要夸张夸张。但他看到，并没有人来注意他。他又不能变回到应有的动作上，就把这种夸大了的动作一直坚持着做到教室。终于，有一个女生问他："你怎么啦？"他大声地说："我被狗咬了。"**于是，他也不等那个女生是否想听这个被狗咬的故事，就绘声绘色地说起来："那么一条大狗，我从没有见到的一条大狗，有那么的长，好家伙！我心里正想着事呢，它悄悄地、悄悄地就过来了，唰地一大口，就咬在了我的后腿肚上……"他坐了下来，翘起那条伤腿，将麻叶剥去了："你们来看看这伤口……"真是个不小的伤口，还清晰地显出狗的牙印。此刻，他把那伤口看成一朵迷人的花。有几个人过来看了看，转身就走了。他还在硬着

无法获得关注，没有朋友，秃鹤连玩儿都觉得没劲，只是呆呆地看着这架挺好的飞机飞进水塘，也不在乎玩具的损失了。

秃鹤被野狗咬了，本是很可怜的事，他却不哭不闹，自己忍痛止血，同时却希望得到同学注意，为此，疼痛和意外都成为吸引目光的"工具"。

为了赢得关注，秃鹤不惜把伤口展示给人看，这时候的他，显得有些卑微。

头皮说这个故事，但，并没有太多的人理会他。这时，蒋一轮夹着课本上课来了，见了秃鹤："你坐在那里干什么？"秃鹤说："我被狗咬了。"蒋一轮转过身去一边擦黑板一边说："被狗咬了就咬了呗。"秃鹤很无趣，一瘸一拐地回到了自己的座位上。

又是一个新学年。一些孩子蹿高了，而另一些孩子却原封不动；一些孩子的成绩突飞猛进，而另一些孩子的成绩却直线下降；一些孩子本来是合穿一条裤子都嫌肥的好朋友的，现在却见面不说话了，甚至想抓破对方的脸皮……**鉴于诸如此类的原因，新学年开始时，照例要打乱全班，重新编组。**

秃鹤想："我会编在哪个小组呢？会与桑桑编在一个小组吗？"他不太乐意桑桑，常在心里说："你不就是校长家的儿子吗？"但他又觉得桑桑并不坏。"与桑桑一个小组也行。""会与香椿编在一个小组吗？"他觉得香椿不错，香椿是班上最通人情的女孩，但香椿的姐姐脑子出了问题，常离家出走，搞得香椿心情也不好，常没心思搭理人。"不过，这又有什么关系呢？就与香椿一个小组吧，或许我还能帮她出去找她的姐姐呢。"

但，谁也没有想到要和秃鹤编在一组。秃鹤多少有点属于自作多情。

等各小组的初步名单已在同学间传来传去时，那些得知秃鹤就在他们小组的同学，就一起找到蒋一轮："我们不要秃鹤。"

蒋一轮纠正道："陆鹤。"

一个女生说："叫陆鹤也好，叫秃鹤也好，这都无所谓，反正我们不要他。"

> 孩子们的心性是变得很快的，成长的节奏也不一样，新学年的重新编组也正是基于变化。

> 此刻的秃鹤并没有预料到自己会被同学踢来踢去，他报复别人的轻慢与侮辱其实并没有大错，但是却招来更大的反弹。

蒋一轮迂回的处理貌似缓和了秃鹤的尴尬，也回避了同学们的冲突，但并没有实质上解决问题。他顺应孩子们的要求，其实是默认孩子们排挤秃鹤。

此处的比喻说明，不受欢迎的秃鹤只能被老师笔下的"杠"拽来拽去，丧失主动性，毫无选择的自由。

这是从众心理，使得秃鹤再次被排挤。人人顾着自己的面子，不要捡别人不要的，却会忘了被踢来踢去的秃鹤会有多尴尬，孩子的世界也有残忍的地方。

整个过程中，秃鹤只说了三个字"我随便"，此刻的他抠办公桌只是为了掩饰自己的难堪与心酸。

蒋一轮说："谁告诉你们，他与你们就是一个小组的呢？瞎传什么！"

蒋一轮等把这几个孩子打发走之后，用铅笔把秃鹤的名字一圈，然后又画了一道杠，将他插进了另一个小组。**那道杠，就像一根绳子拽着秃鹤，硬要把他拽到另一个地方去。**这个小组的同学又知道了秃鹤被分给他们了，就学上面的那个小组的办法，也都来找蒋一轮。**就这么搞来搞去的，秃鹤成了谁也不要的人。**其实，大多数人对秃鹤与他们分在一个小组，倒也觉得无所谓，但既然有人不要了，他们再要，就觉得是捡了人家不稀罕要的，于是也不想要了。

蒋一轮将秃鹤叫到办公室："你自己打算分在哪一个组？"

秃鹤用手指抠着办公桌。

"你别抠办公桌。"

秃鹤就把手放下了。

"愿意在哪一个组呢？"

秃鹤又去抠办公桌了。

"让你别抠办公桌就别抠办公桌。"

秃鹤就又把手放下了。

"你自己选择吧。"

秃鹤没有抬头："我随便。"说完，就走出了办公室。

秃鹤没有回教室。他走出校园，然后沿着河边，漫无目标地往前走，一直走到那个大砖窑。当时，砖窑顶上还在灌水。一窑的砖烧了三七二十一天，现在都已烧熟了。再从顶上慢慢地灌上七天的水，就会落得一窑的好青砖。熟坯经了水，就往外散浓烈的热气，整个窑顶如同被大雾弥漫了。从西边吹来的风，又把这乳白色的热气往东刮来。秃鹤迎着这热气，一步一步地走过去。后来，他爬到了离窑不远的一堆砖坯上。他完全被笼罩在了热气里。偶尔吹来一阵大风，吹开热气，才隐隐约约地露出他的身体。**谁也看不到他，他也看不到别人。秃鹤觉得这样挺好。他就这么坐着，让那湿润的热气包裹着他，抚摸着他……**

此刻的秃鹤选择离开人群。某种意义上离开人群才能安安静静感受自我，秃鹤终于从讨好别人的模式中走出，孤独地去疗愈自己的伤口，慢慢发现自己真正的力量。最后他可能还是需要重新走进人群，不单单是获得认可，更重要的是发现、重塑自我。

六

春节即将来临，油麻地小学接到上头的通知：春节期间，将举行全乡四十三所中小学的文艺会演。这种会演，基本上每年一次。

油麻地小学自从由桑乔担任校长以来，在每年的大会演中都能取得好的名次。如今，作为办公室的那幢最大的草房子里，已挂满了在大会演中获得的奖状。每逢遇到会演，油麻地小学就不得安宁了。各班级有演出才能的孩子，都被抽调了出来，在临时辟作排练场地的另一幢草房子里，经常成日成夜地排练。那些孩子有时累得睁不开眼睛，桑乔就用鼓槌猛烈地敲打鼓边，大声叫着："醒醒！醒醒！"于是那些孩子就一边揉着惺忪的眼睛，一边又迷迷糊糊地走上场，想不起台词或说错台词的事常有。说得驴唇不对马嘴时，众人就爆笑，而在爆笑声中，那个还未

"一边……一边……"关联词的使用，写出了孩子们迷迷糊糊上台的窘态，非常富有童趣。

清醒过来的孩子就会清醒过来。桑乔除了大声吼叫，在大多数情况之下，又是小心翼翼地呵护着这些能够为油麻地小学争得荣誉的孩子的。其他同学要经常参加学校的劳动，而这些孩子可以不参加。每学期评奖，这些孩子总会因为参加了油麻地小学的文艺宣传队而讨一些便宜。**夜里排练结束后，他会让老师们统统出动，将这些孩子一一护送回家。他本人背着孩子走过泥泞的乡村小道或走过被冰雪覆盖的独木小桥，也是常有的事情。**

桑桑和纸月都是文艺宣传队的。

因为是年年争得好名次，因此，对油麻地小学来说，再争得好名次，难度就越来越大了。

"今年必须争得小学组第一名！"桑乔把蒋一轮等几个负责文艺宣传队的老师们召到他的办公室，不容商量地说。

"没有好本子。"蒋一轮说。

"没有好本子，去找好本子。找不到好本子，就自己写出好本子。"桑乔说。

蒋一轮去了一趟县城，找到县文化馆，从他的老同学那里取回来一些本子。油麻地小学的策略是：大人的戏，小孩来演，会收到意想不到的效果。**桑乔说："你想想，一个八九岁的小男孩，戴顶老头帽，叼着一支烟袋，躬着个身子在台上走，一个八九岁的小女孩，穿一件老大妈的蓝布褂儿，挎着个竹篮子，双手互相扣着在台上走，这本身就是戏。"**他让蒋一轮们今年还是坚持这一策略。因此，蒋一轮从县文化宫取回来的，全是大人的戏。他把这些本子看过之后，又交给桑乔看。桑乔看后，又与蒋一轮商量，从中选了两个小戏。其中一个，是桑乔最看得上

桑乔是个好校长，将油麻地小学管理得井井有条，除了具备管理才能之外，他以身作则，用心投入，获得了师生的爱戴。

桑乔看重荣誉，看重学校形象的特点再次显现出来。

小孩演大人，会形成鲜明的反差，形成戏剧效果。

的，叫《屠桥》。屠桥是个地名。**剧情实际上很一般：屠桥这个地方一天来了一连伪军，他们在这里无恶不作，欺压百姓，那天夜里来了新四军，将他们全都堵在了被窝里。桑乔看上这个本子的原因是因为这个本子里头有许多让人不得不笑的场面。**几个主要角色很快分配好了，新四军队长由杜小康扮演，十八岁的姑娘由纸月扮演，伪军连长由柳三下扮演。

蒋一轮刻钢板，将本子印了十几份，都分了下去。下面的环节，无非是背台词、对台词、排练、彩排，直至正式演出。

一切都很顺利。杜小康是男孩里头最潇洒又长得最英俊的，演一身英气的新四军队长，正合适。纸月演那个秀美得有点让人怜爱的小姑娘，让人无话可说，仿佛这个纸月日后真的长成一个十八岁的姑娘时，也就是那样一个姑娘。柳三下演得也不错，一副下流坯子的样子，也演出来了。

等到彩排了，蒋一轮才发现有一件事没有考虑到：那个伪军连长，在剧本里头是个大秃子。他必须是个秃子，因为里头许多唱词与道白，都涉及秃子，甚至剧情都与秃子有关。如果他不是一个秃子，这个剧本也就不成立了。反过来说，这个剧本之所以成立，也正是因为这个连长不是一般的连长，而是一个秃子连长。

桑乔这才发现，他当时所看好的这个本子具有令人发笑的效果，原来全在于这个连长是个大秃子。

"这怎么办？"蒋一轮问。

"不好办。"

"就当柳三下是个秃子吧。"

这是一幕喜剧，剧情一般，演员的表演就更为重要，而其中的丑角更是要承担让大家发笑的重要功能。

这个时候的小康，还是天之骄子，他的故事会在《红门》这篇中慢慢展开。

剧本中需要一个秃子来表演，秃子是其中重要的丑角；此时需要秃子，和被排挤的秃鹤，形成了一种矛盾张力。

"你拉倒吧，他那一头好头发，长得像杂草似的茂盛。他一上台，别人不看他的脸，就光看他的头发了。"桑乔想象着说，"他往台上这么一站，然后把大盖帽一甩，道：'我杨大秃瓢，走马到屠桥……'"

蒋一轮"扑哧"笑了。

桑乔说："老办法，去找个猪尿泡套上。"

"哪儿去找猪尿泡？"

"找屠夫丁四。"

"丁四不好说话。"

"我去跟他说。"

第二天，桑乔就从丁四那里弄来了一个猪尿泡。

柳三下闻了闻，眉头皱成一把："骚！"

桑乔说："不骚，就不叫猪尿泡了。"他拿过猪尿泡来，像一位长官给他的一位立功的下属戴一顶军帽那样，将那个猪尿泡慢慢地套在了柳三下的头上。

柳三下顿时成了一个秃子。

于是，大家忽然觉得，《屠桥》这个本子在那里熠熠生辉。

彩排开始，正演到节骨眼上，猪尿泡爆了，柳三下的黑头发露出一绺来。那形象，笑倒了一片人。

桑乔又从丁四那里求得一个猪尿泡，但用了两次，又爆了。

"跟丁四再要一个。"蒋一轮说。

桑乔说："好好跟丁四求，他倒也会给的。但，我们不能用猪尿泡了，万一会演那天，正演到一半，它又爆了呢？"

"你是想让柳三下剃个大光头？"

"也只有这样了。"

蒋一轮对柳三下一说，柳三下立即用双手捂住了自己的头："那不行，我不能做秃鹤。"仿佛不是要剃他的发，而是要割他的头。

"校长说的。"

"校长说的也不行。他怎么不让他家桑桑也剃个秃子呢？"

"桑桑拉胡琴，他又不是演员。"

"反正，我不能剃个秃子。"

桑乔来做了半天工作，才将柳三下说通了，但下午上学时，柳三下又反口了："我爸死活也不干。他说再过几天就要过年了，我怎么能是个秃头呢？"

桑乔只好去找柳三下的父亲。柳三下的父亲是这个地方上有名的一个固执人，任你桑乔说得口干舌苦，他也只是一句话："我家三下，谁也不能动他一根汗毛！"

眼看着就要会演了，油麻地小学上上下下就为这么一个必需的秃头而苦恼不堪。

"只好不演这个本子了。"桑乔说。

"不演，恐怕拿不了第一名，就数这个本子好。"蒋一轮说。

"没办法，也只能这样了。"

很快，油麻地小学的学生们都传开了："《屠桥》不演了。"都很遗憾。

秃鹤在一旁静静地听着，不说话。

傍晚，孩子们都放学回去了，秃鹤却不走，在校园门口转悠。当他看到桑桑从家里走出来时，连忙过去："桑桑。"

柳三下强烈拒绝剃光头，说自己不能做秃鹤，可以看出孩子对秃头的排斥，从侧面看出秃鹤日常生活的不容易。

猪尿泡的主意不行，柳三下剃成真秃子的主意也不行，《屠桥》的剧本需要一位真正的秃子来救场。

所有人都在苦恼不堪，因为缺少一个秃子，似乎陷入僵局。这个时候故事或者戛然而止，或者有人出现打破僵局。

被孤立排挤的秃鹤，恰恰是剧本最需要的人。秃鹤听到了不演的消息，静静地不说话，心里却在暗暗打定主意。

"你还没有回家？"

"我马上就回去。你给我送个纸条给蒋老师好吗？"

"有什么事吗？"

"你先别管。你就把这个纸条送给他。"

"好吧。"桑桑接过纸条。

秃鹤转身离开了校园，不一会儿工夫就消失在苍茫的暮色里。

蒋一轮打开了秃鹤的纸条，那上面工工整整地写着：

蒋老师：

我可以试一试吗？

陆鹤

蒋一轮双手的颤抖说明，秃鹤的纸条很有分量，在某些方面击中了他，或许他也在为自己不经意间对秃鹤的轻慢后悔？

蒋一轮先是觉得有点好笑，但抓纸条的双手立即微微颤抖起来。

当桑乔看到这个纸条时，也半天没有说话，然后说："一定让他试一试。"

出演杨大秃瓢，是秃鹤的一大挑战，他开始正视自己的缺陷，并且要战胜自己的自卑。

秃鹤从未演过戏。但秃鹤决心演好这个戏。他用出人意料的速度，就将所有台词背得滚瓜烂熟。

不知是因为秃鹤天生就有演出的才能，还是这个戏在排练时秃鹤也看过，他居然只花一个上午就承担起了角色。

当面对付出努力而成功的同学，孩子们会有天然的敬畏感。

在参加汇演的前两天，所有参加汇演的节目，先给油麻地小学的全体师生演了一遍，当秃鹤上场时，全场掌声雷动，孩子们全无一丝恶意。

秃鹤要把戏演得更好。他把这个角色要用的服装与道具全都带回家中。晚上，他把自己打扮成那个伪军连长，到院子里，借着月光，反反复复地练着：

　　小姑娘，快快长，

　　长大了，跟连长，

　　有得吃有得穿，还有花不完的现大洋……

　　他将大盖帽提在手里，露着光头，就当纸月在场，驴拉磨似的旋转着，数着板。那个连长出现时，是在夏日。秃鹤就是按夏日来打扮自己的。**但眼下却是隆冬季节，寒气侵入肌骨。秃鹤不在意这个天气，就这么不停地走，不停地做动作，额头竟然出汗了。**

　　到灯光明亮的大舞台演出那天，秃鹤已胸有成竹。《屠桥》从演出一开始，就得到了台下的掌声，接下来，掌声不断。当秃鹤将大盖帽甩给他的勤务兵，秃头在灯光下锃光瓦亮时，评委们就已经感觉到，桑乔又要夺得一个好名次了。

　　秃鹤演得一丝不苟。他脚蹬大皮靴，一只脚踩在凳子上，从桌上操起一把茶壶，喝得水直往脖子里乱流，然后脑袋一歪，眼珠子瞪得鼓鼓的："我杨大秃瓢，走马到屠桥……"

　　在与纸月周旋时，一个凶恶，一个善良；一个丑陋，一个美丽，对比得十分强烈。可以说，秃鹤把那个角色演绝了。

　　演出结束后，油麻地小学的师生们只管沉浸在胜利的喜悦之中，而当他们忽然想到秃鹤时，秃鹤早已不见了。

　　问谁，谁也不知道秃鹤的去向。

　　"大家立即分头去找。"桑乔说。

秃鹤最感人的，不仅仅是挺身而出饰演杨大秃瓢，而是他十分认真地努力要把这个角色演得好。

"蹬""踩""操""喝""歪""瞪"，一连串的动作描写把秃鹤活灵活现的表演惟妙惟肖呈现出来。

秃鹤为什么不见了？对于自己的秃头，秃鹤的态度经历了怎样的变化？他有哪些行为？

是桑桑第一个找到了秃鹤。那时，秃鹤正坐在小镇的水码头的最低的石阶上，望着被月光照得波光粼粼的河水。

桑桑一直走到他跟前，在他身边蹲下："我是来找你的，大家都在找你。"

桑桑听到了秃鹤的啜泣声。

油麻地小学的许多师生都找来了。他们沿着石阶走了下来，对秃鹤说："我们回家吧。"

桑乔拍了拍他的肩："走，回家了。"

秃鹤用嘴咬住指头，想不让自己哭出声来，但哭声还是克制不住地从喉咙里奔涌而出，几乎变成了号啕大哭。

纸月哭了，许多孩子也都哭了。

纯静的月光照着大河，照着油麻地小学的师生们，也照着世界上一个最英俊的少年……

秃鹤经历了很多次哭泣，但这次的"啜泣"和之前有什么不同？

秃鹤的故事在眼泪中落幕。秃鹤的眼泪中有委屈、心酸、欣慰……百感交集，孩子们的眼泪有悔意、同情、共鸣……一言难尽。

讨 论

▼

> 1 <

翻到目录页，看看每一个章节标题有什么特点？

每一章的命名方式都值得琢磨，有人名：秃鹤、纸月、白雀、细马；有地名：艾地、红门、药寮，采取了古典的美学原则，平稳、联结、押韵。其中有三个押韵的名字：秃鹤、纸月、白雀。每个标题都是两个字，使这个结构显得特别工整。其中秃鹤、纸月、白雀（白雀和蒋一轮的故事）、细马，分别讲述的是对应人物的故事；地点的名字："艾地"讲述秦大奶奶的故事，"红门"讲述杜小康的故事，"药寮"讲述温幼菊老师和桑桑的故事。

从标题命题方式可以看出：一部优秀的小说的一点一滴，都是十分讲究的。只有每一点每一滴都非常讲究的时候，整体才会活生生显示，也才会非同寻常。

> 2 <

对于自己的秃头，秃鹤的态度经历了怎样的变化？他做出了哪些行为？

秃鹤的态度经历了似乎不在意——把自己的头看得珍贵——碰不得，努力改变现状。

　　他擦生姜，戴帽子，与大家对立，要求参加会操，用行动报复他人的轻慢与侮辱，被众人冷落，讨好大家受挫，最后演杨大秃瓢获得尊敬。秃鹤的态度一直在变化，故事始终在摇摆。故事在摇摆、变化中前行，因为人性原本就有复杂的纠缠和冲突。

〉　3　〈

　　"纯静的月光照着大河，照着油麻地小学的师生们，也照着世界上一个最英俊的少年……"少年是指谁？作者为什么说他最英俊？

　　少年是指秃鹤，因为他关键时刻，不计前嫌，挺身而出，为集体争得荣誉，他能够正视自己的缺陷，战胜自己的自卑。

第二章

纸 月

▼

导 读:

1. 纸月乖巧柔美, 但是身世凄惨, 她的母亲未婚怀孕, 在她出生后自杀,
   书中没有确切提到纸月的父亲, 大家猜猜, 纸月的父亲是谁?

2. 纸月和桑桑第一次见面的时候, 桑桑的妈妈以纸月为榜样批评他不讲
   卫生, 结果纸月和桑桑都同时把手藏在了身后。他们"藏手"的原因
   相同吗? 如果不同, 分别是什么?

3. 下雨了, 纸月在桑桑家过夜, 柳柳与纸月说话, 在屋里走动时, 桑桑
   为什么不住地给小鸽子喂食, 他心里在想什么? 为什么作者不直接告
   诉我们桑桑的内心活动?

一

纸月的外婆用手拉着纸月，出现在桑桑家的院子里时，是那年秋天的一个下午。那时，桑桑正在喂它的那群纯一色的白鸽。白鸽受了陌生人的惊扰，呼啦一声飞了起来，这时，桑桑一眼看到了纸月：**她被白鸽的突然起飞与那么强烈的翅响惊得紧紧搂住外婆的胳膊，靠在外婆的身上，微微缩着脖子，还半眯着眼睛，生怕鸽子的翅膀会打着她似的。**

白鸽在天上盘旋着，当时正是一番最好的秋天的阳光，鸽群从天空滑过时，满空中泛着迷人的白光。**这些小家伙，居然在见了陌生人之后，产生了表演的欲望，在空中潇洒而优美地展翅、滑翔或做集体性的俯冲、拔高与穿梭。**

桑桑看到了外婆身旁一张微仰着的脸、一对乌黑乌黑的眼睛。

白鸽们终于像倒转的旋风，朝下盘旋，然后又纷纷落进院子里，发出一片"咕咕"声。

纸月慢慢地从受了惊吓的状态里出来，渐渐松开外婆的胳膊，新鲜而又欢喜地看着这一地雪团样的白鸽。

"这里是桑校长家吗？"纸月的外婆问。

桑桑点点头。

"你是桑桑？"纸月的外婆拉着纸月往前走了一步。

桑桑点点头。但用疑惑的目光望着纸月的外婆：你是怎么知道我叫桑桑的？

"谁都知道，桑校长家有个长得很俊的男孩，叫桑桑。"

桑桑突然不安起来，因为，他看到了自己的样子：没有穿鞋，两只光脚脏兮兮的；裤子被胯骨勉强地挂住，一只裤管耷拉在脚面，而另一只裤管却卷到了膝盖以上；褂子因与人打架，缺了纽扣，而两只小口袋，有一只也被人撕下了，还有一点点连着。

"你爸爸在家吗？"纸月的外婆问。

"在。"桑桑趁机跑进屋里，"爸，有人找。"

桑乔走了出来。他认识纸月的外婆，便招呼纸月的外婆与纸月进屋。

纸月还是拉着外婆的手，一边望着鸽子，一边轻手轻脚地走着，生怕再惊动了它们。而鸽子并不怕纸月。其中一只，竟然跑到了纸月的脚下来啄一粒玉米，纸月就赶紧停住不走，直到外婆用力拉了她一下，她才侧着身子走过去。

桑桑没有进屋，但桑桑很注意地听着屋子里的对话——

"这丫头叫纸月。"

"这名字好听。"

"我想把纸月转到您的学校来上学。"

"那为什么呢？"

纸月外婆的夸奖或许是客气，或许是真诚的赞美，但是都唤醒了桑桑的自我意识。

桑桑开始审视自己的外表，脏兮兮的光脚，裤管耷拉，褂子邋遢，似乎和"很俊的"评价有点儿距离，这一距离让他不安，这一形象出现在纸月面前，他也不安。

纸月对待鸽子的小心翼翼，与鸽子在纸月面前的怡然自得形成对比，更加写出了纸月的谨慎与惹人爱怜。

停顿了一阵，纸月的外婆说："也不为什么。只是纸月这孩子不想再在板仓小学念书了。"

"这恐怕不行呀。上头有规定，小孩就地上学。纸月就该在板仓小学上学。再说，孩子来这儿上学也很不方便，从板仓走到油麻地，要走三里路。"

"她能走。"

屋里没有声了。过了一会，父亲说："您给我出难题了。"

"让她来吧。孩子不想再在那儿念书了。"

"纸月，"父亲的声音，"这么远的路，你走得动吗？"

停了停，纸月说："我走得动。"

过了一会儿，父亲说："我们再商量商量吧。"

"我和纸月谢谢您了。"

桑桑紧接着听到了父亲吃惊的声音："大妈，别这样别这样！"桑桑走到门口往屋里看了一眼，只见外婆拉着纸月正要在父亲面前跪下来，被父亲一把扶住了。

随即，桑桑听到了外婆与纸月的轻轻的啜泣声。

桑桑蹲在地上，呆呆地看着他的鸽子。

父亲说："再过两天就开学了，您就让孩子来吧。"

纸月和外婆走出屋子，来到院子里，正要往外走时，桑桑的母亲挎着竹篮从菜园里回来了。桑桑的母亲一见了纸月，就喜欢上了："这小丫头，真体面。"

几个大人，又说起了纸月转学的事。母亲说："遇到刮风下雨天，纸月就在我家吃饭，就在我家住。"母亲望着纸月，目光里满是怜爱。当母亲忽然注意到桑桑时，说："桑桑，你看看人家纸月，浑身上下这么干干净净

纸月外婆"停顿了一阵"的细节，暗含着纸月要转学另有隐情，虽然回答说"也不为什么"，但停顿的动作本身与答复有冲突，为下文埋下伏笔。

纸月"停了停"的细节，说明她在认真思考，"我走得动"的回答，说明了她对转学这一决定的坚持与笃定。为什么那么远的路，仍然坚持，说明必有为难之处。

"轻轻的啜泣声"中压抑着太多的委屈。

母亲总是不忘抓住任何机会和别人家的孩子进行比较，借机敲打桑桑。

的，你看你那双手，剁下来狗都不闻。"

桑桑和纸月都把手藏到了身后。桑桑藏住的是一双满是污垢的黑乎乎的手，纸月藏住的却是一双白净的细嫩如笋的手。

纸月和她的外婆走后，桑桑的父亲与母亲就一直在说纸月家的事。桑桑就在一旁听着，将父亲与母亲支离破碎的话连成了一个完整的故事：

纸月的母亲是这一带长得最水灵的女子。后来，她怀孕了，但谁也不知道这孩子是谁的。肚皮一日一日地隆起来。但谁也不知道这孩子是谁的。她也不说，只是一声不吭地让孩子在她的肚子里一天一天地大起来。纸月的外婆似乎也没有太多地责备纸月的母亲，只是做她应该做的事情。**纸月的母亲在怀着纸月的时候，依然还是那么的好看，只是脸色一天比一天苍白，眼窝一天比一天深陷下去。**她不常出门，大多数时间就是在屋子里给将要出生的纸月做衣服做鞋。她在那些衣服上绣上了她最喜欢的花，一针一线的，都很认真。秋天，当田野间的野菊花开出一片黄的与淡紫的小花朵时，纸月出世了。一个月后，纸月的母亲在一天的黄昏离开了家门。两天后，人们在四周长满菖蒲的水塘里找到了她。从此，**纸月的外婆，既作为纸月的外婆，又作为纸月的母亲，一日一日地，默默地将小小的纸月养活着。**

关于纸月为什么要从板仓小学转到油麻地小学来读书，桑桑的父亲的推测是："**板仓小学那边肯定有坏孩子欺负纸月。**"

桑桑的母亲听到了，就倚在门框上，长长地叹了一口气……

纸月的身世是个谜，美丽的母亲，没有露面的生父，恐怕是一段不被世人认可的感情。

未婚怀孕，沉重的压力使得纸月的母亲沉默，苍白憔悴。未得到祝福的爱情，不能敞开在阳光下的爱情使得这个美丽的女子生活得很艰辛。

纸月的外婆担负起抚养一个小生命的责任，其间的辛苦作者并未刻意描述，面对不幸，依然坚忍顽强地面对生活。

转学缘由外婆和纸月都没有说破，桑乔却准确地猜出来了，可见他身为校长的精明，具有洞察力。

二

桑桑向母亲提出他要有一件新褂子，理由是马上就要开学了，他应该有一件新褂子。

母亲说："这是太阳从西边出来了，你也知道要新衣服了。"就很快去镇上扯回布来，领着桑桑去一个做缝纫活的人家量了身长，并让人家尽快将活做出来。

开学头一天下午，桑桑跑到水码头，将衣服脱了扔在草上，然后撩着河水洗着身子。秋后的河水已经很凉了。桑桑一激灵一激灵的，在水码头上不停地跳，又不停地颤颤抖抖地把那些乡谣大声叫唤出来：

> 姐姐十五我十六，
> 妈生姐姐我煮粥，
> 爸爸睡在摇篮里，
> 没有奶吃向我哭。
> 记得外公娶外婆，
> 我在轿前放爆竹。

就有人发笑，并将桑桑的母亲从屋里叫出来："看你家桑桑在干什么呢。"

桑桑的母亲走到河边上，不知是因为桑桑的样子很好笑，还是因为桑桑大声嚷嚷着的乡谣很好笑，就绷不住脸笑了："小猴子，冻死你！"

桑桑转身对着母亲，用肥皂将自己擦得浑身是沫，依

桑桑开始有小心思了，他要有新褂子，还不告诉母亲真正的缘由，他希望自己外表整洁，因为开学又会看见纸月了。

颠倒歌通过彻底颠倒自然界的规律和生活常识，完成想象力的驰骋，这种夸张往往形成幽默的效果。

"小猴子"这一昵称是对桑桑调皮捣蛋的一个很形象的概括，纵然桑桑不断闯点小祸让母亲头疼，但是母亲依然很宠爱他。

然不住声地大叫着。

桑桑的母亲过来要拉桑桑，桑桑就趁机往后一仰，跌进了河里。

桑桑觉得自己总算洗得很干净了，才爬上岸。现在，桑桑的母亲见到的桑桑，是一个浑身被清冽的河水洗得通红、没有一星污垢的桑桑。

桑桑穿好衣服，说："我要去取我的白褂子。"说着就走了。

桑桑的衣服被搁下了，还没有做好。桑桑就坐在人家门槛上等。人家只好先把手里的活停下来做他的白褂子。桑桑直到把白褂子等到手才回家，那时天都黑了，村里人家都已亮灯了。回到家，桑桑的脑袋被正在吃饭的母亲用筷子敲了一下："这孩子，像等不及了。"

第二天，桑桑上学路过办公室门口时，首先是正在往池塘边倒药渣的温幼菊发现了桑桑，惊讶地："喔哟，桑桑，你要想干吗？"

那时，各班老师都正准备往自己的教室走，见了平素整日泥猴一样甚至常不洗脸的桑桑，今日居然打扮成这样，都围过来看。六年级的语文老师朱恒问："桑桑，是有相亲的要来吗？"

桑桑说："去你的。"他自己也感觉到，他的小白褂子实在太白了，赶紧往自己的教室走。

桑桑进了教室，又遭到同学们一阵哄笑。不知是谁有节奏地喊了一声"小白褂"，随即全体响应："小白褂！小白褂！……"

眼见着桑桑要变恼了，他们才停止叫唤。

上课前一刻钟，正当教室里乱得听不见人语时，蒋一

桑桑想要白褂子的迫不及待，"坐在人家门槛上等"的确是个高招，这会给裁缝造成很大压力，桑桑终于在天黑的时候拿到褂子，如愿以偿。

老师们看见泥猴一般的桑桑开始注重打扮，都很惊讶，朱恒老师虽然是开玩笑，但却戳中了桑桑。

同学们看见"小白褂"的反应，不论缘由，先是哄笑，接着是全体叫唤，作者描摹孩子们的反应非常真实，谁的童年不曾有过被众人起哄的时刻？那种又羞又恼的感觉难以言表。

轮领着纸月出现在门口。教室里顿时安静下来。大家都在打量纸月：**纸月上身穿着袖口大大的紫红色褂子，下身穿着裤管微微短了一点的蓝布裤子，背着一只墨绿色的绣了一朵红莲花的书包，正怯生生地看着大家。**

通过孩子们的眼睛打量纸月，这是一个打扮很雅致的小姑娘。

"她叫纸月，是你们的新同学。"蒋一轮说。

"纸月？她叫纸月。"孩子们互相咀嚼着这一名字。

从此，纸月就成了桑桑的同学，一直到六年级第二学期初纸月突然离开草房子为止。

纸月坐下后，看了一眼桑桑，那时桑桑正趴在窗台上看他的鸽群。

纸月到油麻地小学读书，引起了一些孩子的疑惑：她为什么要跑这么远来上学呢？但过了几天，大家也就不再去疑惑了，仿佛纸月本来就是他们的一个同学。而纸月呢，畏畏缩缩地生疏了几天之后，也与大家慢慢熟起来。**她先是与女生们说了话，后与男生们说了话，一切都正常起来。唯一有点奇怪的是：她还没有与她第一个见到的桑桑说过话。而桑桑呢，也从没有要与她主动说话的意思。**不过，这也没有什么。总之，纸月觉得在油麻地小学读书，挺愉快的，她那张显得有点苍白的脸上，总是微微地泛着红润。

孩子们之间，有时候谁跟谁说了话，都很正常，谁跟谁不说话，就有些微妙。

不久，大家还知道了这一点：纸月原来是一个很了不起的女孩子。她的毛笔字大概要算是油麻地小学的学生中间写得最好的一个了。蒋一轮老师恨不能要对纸月大字簿上的每一个字都画上红色的圆圈。桑乔的毛笔字，是油麻地小学的老师中间写得最好的一个。**他翻看了蒋一轮拿过来的纸月的大字簿，说："这孩子的字写得很秀润，不骄不躁，是有来头的。"**就让蒋一轮将纸月叫来，问她：

纸月的大字写得很好，有来头，但是纸月却说没有人教，背后肯定藏着故事。

"你的字是谁教的？"纸月说："没有人教。"纸月走后，桑乔就大感不解，对蒋一轮说："这不大可能。"那天，桑乔站在正在写大字的纸月身后，一直看她将一张纸写完，然后从心底里认定："这孩子的坐相、握笔与运笔，绝对是有规矩与讲究的，不能是天生的。"**后来，桑乔又从蒋一轮那里得知：这个小纸月还会背许多古诗词。现在语文课本上选的那些古诗词，她是早就会了的，并且还很会朗诵。蒋一轮还将纸月写的作文拿给桑乔看了，桑乔直觉得那作文虽然还是一番童趣，但在字面底下，却有一般其他孩子根本不可能有的灵气与书卷气。**所有这一切，让桑乔觉得十分纳闷。他询问过板仓小学的老师，板仓小学的老师也说不出个所以然来。

不过，桑乔心里倒是暗暗高兴：油麻地小学收了这么一个不错的女孩子。

但纸月却没有一点点傲气。她居然丝毫也不觉得她比其他孩子有什么高出的地方，一副平平常常的样子。她让油麻地小学的老师们居然觉得，她大概一辈子，都会是一个文弱、恬静、清纯而柔和的女孩儿。

对于桑桑，很难说纸月就没有对他说过话。只不过是她没有用嘴说，而是用眼睛说罢了。比如说桑桑在课桌上再架课桌，又架课桌，最后还加了一张小凳，然后玩杂技一样颤颤抖抖地爬到最顶端，到高墙的洞中掏麻雀时，纸月见了，就仰着脸，两手抱着拳放在下巴下，眼睛睁得大大的，满是紧张与担忧。**这时，桑桑假如看到了这双眼睛，就会听出："桑桑，你下来吧，下来吧。"**又比如说桑桑顺手从地里拔了根胡萝卜，在袖子上搓擦了几下，就"咯吱咯吱"地吃起来时，纸月见了，就会令人觉察不到

纸月大字写得好，作文很有灵气和书卷气，还会背很多古诗词，这都是她的优秀之处。

纸月这么优秀，却毫不骄傲，非常难得，拥有平常心对一个孩子的成长至关重要。

纸月和桑桑之间的交流用会说话的眼睛，这要遇上能够读懂的朋友。

这里写了纸月眼睛的四种不同表现，连用了四个"这时，桑桑假如看到了这双眼睛"的排比，既写出了桑桑的调皮机灵，又写出了纸月娴静乖巧中具有影响桑桑的力量。

地皱一下眉头，嘴微微地张着看了一眼桑桑。这时，桑桑假如看到了这双眼睛，就会听出："桑桑，不洗的萝卜也是吃得的吗？"再比如说桑桑把时间玩光了，来不及去抠算术题了，打算将邻桌的作业本抓过来抄一通时，纸月看见了，就会把眼珠转到眼角上来看桑桑。这时，假如桑桑看到了这双眼睛，就会听出："桑桑，这样的事也是做得的吗？"又比如说桑桑与人玩篮球，在被对方一个小孩狠咬了一口，胳膊上都流出鲜血来了，也没有将手中的球松掉，还坚持将它投到篮筐里时，纸月看见了，就会用细白的牙齿咬住薄薄的血色似有似无的嘴唇，弯曲的双眉下，眼睛在阳光下跳着亮点。这时，假如桑桑看到了这双眼睛，就会听出："桑桑，你真了不起！"

这些日子，吃饭没有吃相，走路没有走样，难得安静的桑桑，似乎多了几分柔和。桑桑的母亲很纳闷，终于在见到桑桑吃饭不再吃得汤汤水水，直到将碗里最后一颗米粒也拨进嘴里才去看他的鸽子时，向桑桑的父亲感叹道："我们家桑桑，怎么变得文雅起来了？"

> 桑桑在长大，因为纸月的出现，纸月的目光让桑桑变得文雅和柔和。

这时，正将饭吃得汤汤水水的妹妹柳柳，向母亲大声说："哥哥不再抢我的饼吃了。"

> 柳柳就像个天真可爱的旁观者，用最直接的方式道破桑桑的小心思和变化，让人读来扑哧一笑。

三

初冬的一天下午，北风越刮越大，到了快放学时，天气迅捷阴沉下来。**桑桑家的那些在外觅食的鸽子，受了**

> 鸽子如"枯叶一般"，突出了大风的强劲。

惊吓，立即离开野地，飞上乱云飞渡的天空，然后像被大风吹得乱飘的枯叶一般，飘飘忽忽地飞回草房子。白杨在大风里鸣响，旗杆上的麻绳一下一下猛烈地鞭打着旗杆，发出"叭叭"的声响。孩子们兴奋而略带恐惧地坐在教室里，早已听不下课去，只在心里想着：怎么回家去呢？桑乔走出办公室，呛了几口北风，系好领扣，看了看眼看就要压到头上的天空，便跑到各个教室说："现在就放学！"

不一会儿，各个教室的门都打开了，**孩子们只管将书本与文具胡乱地塞进书包，叫喊着，或互相呼唤着同路者的名字，纷纷往校园外面跑，仿佛马上就有一场劫难。**

> 孩子们面对暴风雨来临的慌乱。

纸月收拾好自己的书包时，教室里就只剩她一个人了。她朝门外看了看，一脸的惶恐与不安。因为她马上想到了：不等到她回到家中，半路上就会有暴风雨的。那时，前不着村后不着店，她可怎么办呢？

> 在暴风雨的天气里，桑桑的母亲看见打哆嗦的桑桑，并没有太多嘘寒问暖，而是直接询问更需要帮助的纸月，可见她的善良和淳朴。

桑桑的母亲正在混乱的孩子群中朝这边走着，见着站在风中打哆嗦的桑桑问："纸月呢？"

桑桑："在教室里。"

桑桑的母亲急忙走到了教室门口："纸月。"

纸月见了桑桑的母亲，学着外婆的叫法，叫了一声："师娘。"

> 纸月想到自己半路就会遇到暴风雨，非常惶恐，但并没有立即答应师娘的提议，因为她担心外婆等不到她会着急，担心给师娘家添麻烦，这是一个小心翼翼且懂事的女孩儿。

"你今天不要回家了。"

"外婆在等我呢。"

"我已托人带信给你外婆了。跟我回家去。天马上就要下雨了。"

纸月说："我还是回家吧。"

桑桑的母亲说："你会被雨浇在半路上的。"说罢，就过来拉住纸月冰凉的手，"走吧，外婆那边肯定会知道的。"

当纸月跟着桑桑的母亲走出教室时，纸月不知为什么低下了头，眼睛里汪了泪水。

一直在不远处站着的桑桑，见母亲领着纸月正往这边走，赶紧回头先回家了。

纸月来到桑桑家不久，天就下起雨来，一开头就很猛烈。**桑桑趴在窗台上往外看时，只见四下里白茫茫的一片，油麻地小学的草房子在雨幕里都看不成形了，虚虚幻幻的。**

柳柳听说纸月要在她家过夜，异常兴奋，拉住纸月的手就不肯再松开，反复向母亲说："我跟纸月姐姐一张床。"纸月的神情不一会儿就安定自如了。

在柳柳与纸月说话，纸月被柳柳拉着在屋里不住地走动时，**桑桑则在一旁，不住地给两只小鸽子喂食，忙着做晚饭的母亲，在弥漫于灶房里的雾气中说："你是非要把这两只小鸽子撑死不可。"**

桑桑这才不喂鸽子。可是桑桑不知道做什么好。他只好又趴到窗台上去，望外面的天气：天已晚了，黑乎乎的，那些草房子已几乎看不见了。但桑桑通过檐口的雨滴声，至少可以判断出离他家最近的那两幢草房子的位置。桑桑的耳朵里，除了稠密的雨声，偶尔会穿插进来柳柳与纸月的说笑声。

隐隐约约地，从屋后的大河上，传来打鱼人因为天气从而心情便略带了些悲伤的歌声。

纸月果然被桑桑的母亲安排和柳柳一张床。柳柳便脱了鞋，爬到床上高兴地蹦跳。母亲就说："柳柳别闹。"

纸月为什么低下了头？小说好看的地方不仅仅在于写了什么，也在于什么地方没有写。

雨水连成一片，织成雨幕，可见雨下得又密又急，异常猛烈，庆幸纸月留在了桑桑家。

桑桑为什么一直喂鸽子，会不会因为纸月的到来，桑桑有些紧张和害羞，需要找件事情做来掩饰自己的慌乱？

经过反复的要求，柳柳能和纸月睡一张床，她的兴奋难以言表，只能通过蹦跳表达，柳柳的活泼与纸月的文静形成对比。

但柳柳却蹦得更高。

母亲及时地在屋子中央烧了一个大火盆。屋外虽是凉风冷雨，但这草房子里，却是一派暖融融的。柳柳与纸月的脸颊被暖得红红的。

在睡前忙碌的母亲，有时会停住看一眼纸月。她的目光里，总是含着一份丢不下的怜爱。

桑桑睡在里间，纸月和柳柳睡在外间。里间与外间，是隔了一道薄薄的用芦苇秆编成的篱笆。因此，外间柳柳与纸月的说话声，桑桑都听得十分分明——

纸月教柳柳一句一句地念着：

一树黄梅个个青，
打雷落雨满天星。
三个和尚四方坐，
不言不语口念经。

柳柳一边念一边乐得咯咯笑。学完了，又缠着纸月再念一个。纸月很乐意：

正月梅花香又香，
二月兰花盆里装。
三月桃花红十里，
四月蔷薇靠短墙。
五月石榴红似火，
六月荷花满池塘。
七月栀子头上戴，
八月桂花满树黄。

师娘对于纸月充满了怜惜，因为其身世悲戚，更因为其柔顺乖巧。

谁教的纸月这些歌谣？歌谣暗含着纸月的身世之谜，其实文中还有很多地方为纸月的身世做了铺垫。

这首歌谣押的是"ang"韵，朗朗上口，数尽了四季花香。

九月菊花初开放，

十月芙蓉正上妆。

十一月水仙供上案，

十二月蜡梅雪里香。

桑桑睁着一双大眼，也在心里默默地念着。

母亲将一切收拾停当，在里屋叫道："柳柳，别再总缠着姐姐了，天不早了，该睡觉了。"

灯一盏一盏地相继熄灭。

两个女孩在一条被窝里睡着，大概是互相碰着了，不住地咯咯地笑。过不一会儿，柳柳说："纸月姐姐，我和你一头睡行吗？"

纸月说："你过来吧。"

柳柳就像一只猫从被窝里爬了过来。当柳柳终于钻到了纸月怀里时，两个女孩又是一阵"咯咯咯"地笑。

就听见里屋里母亲说了一句："柳柳疯死了。"

柳柳赶紧闭嘴，直往纸月怀里乱钻着。但过不一会儿，桑桑就又听见柳柳跟纸月说话。这回声音小，好像是两个人都钻到被窝里去了。但桑桑依然还是隐隐约约地听清了——是柳柳在向纸月讲他的坏话——

柳柳："好多年前，好多年前，我哥哥……"

纸月："怎么会好多年前呢？"

柳柳："反正有好几年了。那天，我哥哥把家里的一口锅拿到院子里，偷偷地砸了。"

纸月："砸锅干什么？"

柳柳："卖铁呗。"

纸月："卖铁干什么？"

桑桑默默地跟着纸月念歌谣，被纸月，被歌谣吸引着。

"咯咯咯地笑"很好地写出了小女孩的爱娇，童年最美好的地方之一就在于开怀地笑，开心地闹。

柳柳时间观念还不是特别强，听一个几岁的小姑娘讲"好多年前，好多年前"，乖巧如纸月都忍不住提问了，这段描述很有童趣。

一问一答，柳柳以为姐姐什么都懂，却没想到纸月连连追问，只是苦了里间偷听的桑桑恨得咬牙切齿。

柳柳："换钱呗。"

纸月："换钱干什么？"

柳柳："换钱买鸽子呗。"

纸月："后来呢？"

柳柳："后来妈妈烧饭，发现锅没有了，就找锅，到处找不着，就问哥哥看见锅没有？哥哥看着妈妈就往后退。妈妈明白了，就要去抓住哥哥……"

纸月："他跑了吗？"

柳柳："跑了。"

纸月："跑哪儿啦？"

柳柳："院门正好关着呢，他跑不了，就爬到猪圈里去了。"

纸月："爬到猪圈里去了？"

柳柳："爬到猪圈里去了。老母猪就哼哼哼地过来咬他……"

纸月有点紧张："咬着了吗？"

柳柳："哥哥踩了一脚猪屎，又爬出来了……"

纸月躲在被窝里笑了。

柳柳："我哥可脏了。他早上不洗脸就吃饭！"

桑桑听得咬牙切齿，恨不能从床上蹦下来，一把将柳柳从热烘烘的被窝里抓出来，然后踢她一脚。

幸好，柳柳渐渐困了，又糊糊涂涂地说了几句，就搂着纸月的脖子睡着了。

不一会儿，桑桑就听到了两个女孩细弱而均匀的鼾声。

窗外，雨还在淅淅沥沥地下着。有只鸽子，大概是被雨打湿了，咕咕叫着，但想到这也是很平常的事，叫了两

桑桑捣蛋被发现，纸月直接问"他跑了吗？"可见，她对桑桑的机灵顽皮非常了解，知道他不会老老实实留下来求饶认错。

纸月还是很关心桑桑的，为他紧张，但是打听他的八卦也是兴致勃勃，柳柳讲起哥哥的糗事津津有味，全然想不到哥哥就在偷听。

如果柳柳不是和纸月在一起，哥哥说不定此刻就不会放过她。

声，也就不叫了。

桑桑不久也睡着了。

后半夜，风停了，雨停了，天居然在飘散了三两团乌云之后，出来了月亮。

夜行的野鸭，疲倦了，就往大河里落。落到水面上，大概是因为水里有大鱼好奇吸吮了它们的脚，惊得"呱呱"一阵叫。

桑桑醒来了。桑桑的第一个念头，就是想撒尿。但桑桑不能撒尿。因为桑桑想到自己如果要撒尿，就必须从里间走出，然后穿过外间走到门外去，而从外间走过时，必须要经过纸月的床前。桑桑只好忍着。他感觉到自己的小肚子正在越来越严重地鼓胀起来。他有点懊悔晚上不该喝下那么多汤的。**可是当时，他只想头也不抬地喝。幸亏就那么多汤。如果盆里有更多的汤，这下就更糟糕了。**桑桑不想一个劲地想着撒尿，就让自己去想点其他的事情。他想到了住在校园里的秦大奶奶：现在，她是睡着呢，还是醒着呢？听父母亲说，她一个人过了一辈子。这么长的夜晚，就她一个人，不觉得孤单吗？他又想到了油麻地第一富庶人家的儿子杜小康。**他在心里说：你傲什么？你有什么好傲的？**但桑桑又不免悲哀地承认一年四季总是穿着白球鞋的杜小康，确实是其他孩子不能比的——他的样子，他的成绩，还有很多很多方面，都是不能和他比的。桑桑突然觉得杜小康傲，是有理由的。但桑桑依然不服气，甚至很生气……

小肚的胀痛，打断了桑桑的思路。

桑桑忽然听到了纸月于梦中发出的叹气声。于是桑桑又去很混乱地想纸月：纸月从田埂上走过来的样子、纸

野鸭呱呱叫，也许是被好奇的鱼儿吮吸了脚。想象新奇，活泼可爱，作者寥寥几笔就为我们描绘出充满趣味的画面。

吃饭时桑桑在纸月面前的窘迫，导致此刻憋尿的他很难受。

夜深醒来，桑桑念念不忘杜小康的傲气。

前文写到纸月关注桑桑的一举一动，原来关注是相互的。

月读书的声音、纸月的毛笔字、纸月在舞台上舞着大红绸……后来，桑桑又睡着了。

第二天早上，母亲在收拾桑桑的床时，手突然感觉到了潮湿，打开被子一看，发现桑桑夜里尿床了，很惊诧：桑桑还是五岁前尿过床，怎么现在十多岁了又尿床了？她一边将被子抱到院子里晾着，一边在心里疑问着。

早晨的阳光十分明亮地照着桑桑的被子。

桑桑太可怜了，尿床这么糗的事居然被纸月撞见了。

温幼菊进了院子，见了晾在绳子上的被，问："是谁呀？"

母亲说："是桑桑。"

那时，纸月正背着书包从屋里出来。但纸月只看了一眼那床被子，就走出了院子。

桑桑一头跑进了屋子。

桑桑在纸月的面前丢了脸，失掉了自尊，懊恼无处发泄，只好拿被子撒气，让人觉得又好笑又同情。

过了一刻钟，桑桑出来了，见院子里无人，将被子狠狠地从绳子上扯下来，扔到了地上。而当时的地上，还留着夜间的积水。

母亲正好出来看到了，望着已走出院门的桑桑："你找死哪？"

桑桑猛地扭过头来看了母亲一眼，抹了一把眼泪，跑掉了。

四

这天，纸月没有来上学。她的外婆来油麻地小学请假，说纸月生病了。纸月差不多有一个星期生病没有来上学。蒋一轮看看纸月落下了许多作业，就对桑桑说："你跑一趟板仓，将作业本给纸月带上，把老师布置的题告诉她，看她能不能在家把作业补了。"

桑桑点头答应了，但桑桑不愿一个人去，就拉了阿恕一起去。可是走到半路上，遇到了阿恕的母亲，硬把阿恕留下了，说家里的那趟鸭子不知游到什么地方去了，让阿恕去找鸭子。桑桑犹豫了一阵，就只好独自一人往板仓走。

桑桑想象着纸月生病的样子。但天空飞过一群鸽子，他就仰脸去望。他把那群鸽子一只一只地数了。**他见了人家的鸽群，总要数一数。若发现人家的鸽群大于他的鸽群，他就有些小小的嫉妒，若发现人家的鸽群小于他的鸽群，他就有些小小的得意。**现在，头上的这个鸽群是小于他的鸽群的，他就笑了，并且蹦起来，去够头上的树枝，结果把纸月的作业本震落了。

离板仓大约一里地，有条大河。大河边上有一大片树林，在林子深处，有一座古寺，叫浸月寺。鸽群早已消失了，桑桑一边走，一边想那座古寺。他和母亲一起来过这座古寺。桑桑想：我马上就要见到那座古寺了。

桑桑走到了大河边，不一会儿，就见到了那片林子。不知为什么，桑桑并不想立即见到纸月。**因为他不知道自己在见了纸月以后，会是什么样子。桑桑是个一与女孩子说话就会脸红的男孩。越走近板仓，他就越磨蹭起来。**他走进了林子，他想看看浸月寺以后再说。有一条青石板的小道，弯弯曲曲地隐藏在林子间，把桑桑往林子深处引着。

▶ 桑桑愿意去给纸月送作业，但是又羞于自己单独见纸月，拉了阿恕给自己壮胆。

▶ 桑桑对鸽子的喜爱跃然纸上，这与作者曹文轩的童年爱好高度重合，他在《红瓦》中也写了林冰对鸽子的痴迷。

▶ 因为害羞，桑桑开始磨蹭起来。

正在冬季里，石板小道两边，无论是枫树、白杨还是银杏，都赤条条的，风并不大，但林子还是呼呼呼地响着，渲染着冬季的萧条。**几只寒鸦立在晃动的枝头，歪脸看着天空那轮冬季特有的太阳。**

浸月寺立在坡上。

桑桑先听到浸月寺风铃的清音，随即就看到了它的一角。风铃声渐渐大起来。桑桑觉得这风铃声很神秘，很奇妙，也很好听。他想：如果有一种鸽哨，也能发出这种声音，从天空中飘过，这会怎样？桑桑的许多想法，最后都是要与他的那群鸽子汇合到一起去。

拐了一道弯，浸月寺突然整个放在了桑桑的眼前。

立在深院里的寺庙，屋顶四角翘翘，仿佛随时都要随风飞去。寺庙后面还是林子，有三两株高树，在它的背后露出枝条来。寺前是两株巨大的老槐，很少枝条，而偶尔剩下的几根，在风中轻轻摇动，显得十分苍劲。风略大一些，四角垂挂的风铃一起响起，叮叮当当，衬得四周更是寂静。

独自一人来到寺前的桑桑，忽然觉得被一种肃穆与庄严压迫着，不禁打了一个寒噤，小小的身体收缩住，惶惶不安地望着，竟不敢再往前走了。

"往回走吧，去纸月家。"桑桑对自己说。但他并未往回走，反而往上走来了。这时，桑桑听到老槐树下传来了三弦的弹拨声。桑桑认得这种乐器。弹拨三弦的人，似乎很安静，三弦声始终不急躁，十分单纯。在桑桑听来，这声音是单调的，并且是重复的。**但桑桑又觉得它这清纯的、缓慢的声音是好听的，像秋天雨后，树枝上的雨滴落在池塘里那么好听。**桑桑是油麻地小学文艺宣传队的胡琴

"寒鸦"这一意象在古诗词中常见，比如"回首天涯，一抹斜阳，数点寒鸦""孤村落日残霞，轻烟老树寒鸦"，这一意象带有寂寥与萧索的气息，与浸月寺的环境形成巧妙呼应。

寺庙周围的环境静穆庄严。

一向顽皮的桑桑被这种肃穆庄严所震慑。

把三弦琴的弹拨声比为秋天雨后落进池塘的雨声，恰如其分地传达出了琴声简单又动人的旋律，有种自然般安抚人心的力量。

手，桑桑多少懂得一点音乐。

三弦声总是这么响着，仿佛在许多许多年前，它就响了，就这么响的，它还会永远响下去，就这么地响下去。

桑桑终于怯怯地走到了寺院门口。他往里一看，见一个僧人正坐在老槐树下。那三弦正在他怀里似有似无地响着。

桑桑知道，这就是父亲常常说起的慧思和尚。

关于慧思和尚的身世，这一带人有多种说法。但桑桑的父亲却只相信一种：这个人从前是个教书先生，并且是一个很有学问的教书先生，后来也不知是什么原因，突然出家当和尚了。**父亲并无充足的理由，只是在见过慧思和尚几次之后，从他的一手很好的毛笔字上，从他的一口风雅言辞上，从他的文质彬彬且又带了几分洒脱的举止上，便认定了许多种说法中的这一种。**父亲后来也曾怀疑过他是一个念书已念得很高的学生。是先生也好，是学生也罢，反正，慧思和尚不是乡野之人。慧思和尚显然出生于江南，因为只有江南人才有那副清秀之相。慧思和尚是一九四八年来浸月寺的。据当时的人讲，慧思那时还不足二十岁，头发黑如鸦羽，面白得有点像个女子，让一些乡下人觉得可惜。后来，这里的和尚老死的老死了，走的走了，就只剩他一个独自守着这座也不知是建于哪年的古寺。因为时代的变迁，浸月寺实际上已很早就不再像从前那样香烟缭绕了，各种佛事也基本上停止。浸月寺终年清静。不知是什么原因，慧思和尚却一直留了下来。这或许是因为他已无处可去，古寺就成了他的家。他坚持着没有还俗，在空寂的岁月中，依然做他的和尚。他像从前一样，一年四季穿着棕色的僧袍。**他偶尔出现在田野上，出**

▶ 一句话之内出现了五个"响"，不断地重复有什么好处？三弦的声音不急不躁，缓慢地流动着，如同时间的流淌，从过去到未来，无穷无尽。

▶ 慧思和尚的才华是不是有些似曾相识？回忆一下，前文中是谁也写着一手好看的大字？又是谁会背诵很多古诗词？

▶ 慧思和尚出现即是一道风景，说明他的与众不同。

现在小镇上，这倒给平淡无奇的乡野增添了一道风景。

老槐树下的慧思和尚感觉到有人站在院门口，就抬起头来。

就在这一刹那，桑桑看到了一双深邃的目光。尽管这种目光里含着一种慈和，但桑桑却像被一股凉风吹着了似的，微微震颤了一下。

慧思和尚轻轻放下三弦，用双手捏住僧袍，然后站起来，轻轻一松手，那僧袍就像一道幕布滑落了下去。他用手又轻轻拂了几下僧袍，低头向桑桑作了一个揖，便走了过来。

桑桑不敢看慧思和尚的脸，目光平视。由于个头的差异，桑桑的目光里，是两只摆动的宽大的袖子。那袖子是宽宽地卷起的，露出雪白的里子。

"小施主，请进。"

桑桑壮大了胆抬起头来。他眼前是副充满清爽、文静之气的面孔。桑桑长这么大，还从未见过这样的面孔。他朝慧思和尚笑了笑，但他不知道他这么笑究竟是什么意思，只是觉得自己应该这么笑一笑。

慧思和尚微微弯腰，做了一个很恭敬的让桑桑进入僧院的动作。

桑桑有点不自然。因为，谁也没有对他这样一个几年前还拖着鼻涕的孩子如此庄重过。

桑桑束手束脚地走进了僧院。

慧思和尚闪在一侧，略微靠前一点引导着桑桑往前走。他问桑桑："小施主，有什么事吗？"

桑桑随口说："来玩玩。"但他马上觉得自己的回答很荒唐。因为，这儿不是小孩玩的地方。他的脸一下涨红

顽皮的桑桑也会被慧思和尚的目光震颤，可见慧思和尚的目光有着怎样的力量，即使有种慈和，依然有与尘世区别开来的清凉沉静。

作者细致地回到桑桑的视角，将目光停留在两只宽大的袖子上，表现出桑桑此刻的忐忑与好奇。他不敢看慧思和尚的脸，但又充满好奇，细细打量他的服饰。

"束手束脚"意为捆住手脚，描述出桑桑此刻的忐忑和顾虑。调皮的桑桑为何如此反常呢？

起来。

然而，慧思和尚并没有对他说"这不是玩的地方"，只是很亲切地："噢，噢……"仍在微微靠前的位置上引导着桑桑。

慧思和尚是亲切慈和的，并没有因为桑桑荒唐的说法而生气指责，他对一切宽容、悲悯。

桑桑不好再退回去，索性硬着头皮往前走。他走到了殿门。里面黑沉沉的。桑桑第一眼看里面时，并没有看到具体的形象，只觉得黑暗里泛着金光。他站在高高的门槛外面，不一会儿就看清了那尊莲座上的佛像。佛的神态庄严却很慈祥。佛的上方，是一个金色的穹顶，于是佛像又显得异常的华贵了。

桑桑仰望佛像时，不知为什么，心里忽然有点惧怕起来，便不由自主地往后退了几步，随即转身就要往院外走。

慧思和尚连忙跟了出来。

在桑桑走出院门时，慧思和尚问了一句："小施主从哪儿来？"

慧思和尚"从哪儿来""往哪儿去"的询问看似随意，同时又带有禅意。

桑桑答道："从油麻地。"

慧思和尚又问道："小施主，往哪儿去？"

桑桑答道："去板仓。"

"板仓？"

桑桑点点头："我去板仓找纸月。"

"纸月？"

"我的同学纸月。"

"你是桑桑？"

桑桑很吃惊："你怎么知道我是桑桑？"

慧思和尚顿了一下，然后一笑道："听人说起过，桑校长的公子叫桑桑。你说你是从油麻地来的，我想，你莫

大家猜一猜，慧思和尚是听谁说起过桑桑？

不就是桑桑。"

桑桑沿着青石板小道，往回走去。

慧思和尚竟然一定要送桑桑。

桑桑无法拒绝。桑桑也不知道如何拒绝，就呆头呆脑地让慧思和尚一直将他送到大河边。

"慢走了。"慧思和尚说。

桑桑转过身来看着慧思和尚。当时，太阳正照着大河，河水反射着明亮的阳光，把站在河边草地上的慧思和尚的脸照得非常清晰。慧思和尚也正望着他，朝他微笑。**桑桑望着慧思和尚的脸，凭他一个孩子的感觉，他突然无端地觉得，他的眼睛似乎像另外一个人的眼睛，反过来说，有另外一个人的眼睛，似乎像慧思和尚的眼睛。但桑桑却想不出这另外一个人是谁，一脸的困惑。**

慧思和尚说："小施主，过了河，就是板仓了，上路吧。"

桑桑这才将疑惑的目光收住，朝慧思和尚摆摆手，与他告别。

桑桑走出去一大段路以后，又回过头来看。他看到慧思和尚还站在河边的草地上。**有大风从河上吹来，他的僧袍被风所卷动，像空中飘动的云一样。**

谁的眼睛很像慧思和尚的眼睛，作者为什么不直接告诉我们？小说的暗示中藏着玄机。

作者将吹来的风、飘动的云同卷动的僧袍融合在一起，空灵寂静，又有几分肃穆庄严，意象的选择十分贴合人物特征。

五

纸月病好之后，又像往常一样上学回家。但这样过了两个星期之后，不知道是什么原因，纸月几乎每天上学都迟到。**有时，上午的第一节课都快结束了，她才气喘吁吁地赶到教室门口，举着手喊"报告"。**开始几回，蒋一轮也没有觉得什么，只是说："进来。"这样的情况又发生了几次之后，蒋一轮有点生气了："纸月，你是怎么搞的？怎么天天迟到？"

纸月就把头垂了下来。

"以后注意。到座位上去吧！"蒋一轮说。

纸月依然垂着头。纸月坐下之后，就一直垂着头。

有一回，桑桑偶然瞥了纸月一眼，只见有一串泪珠从纸月的脸上，无声地滚落了下来，滴在了课本上。

这一天，桑桑起了个大早，对母亲说是有一只鸽子昨晚未能归巢，怕是被鹰打伤了翅膀，他得到田野上去找一找，就跑出了家门。桑桑一出家门就直奔板仓。桑桑想暗暗地搞清楚纸月到底是怎么了。

桑桑赶到大河边时，太阳刚刚出来，河上的雾气正在飘散。河上有一只渡船，两头都拴着绳子，分别连接着两岸。桑桑拉着绳子，将船拽到岸边，然后爬上船去，又去拉船那一头的绳子，不一会就到了对岸。桑桑上了岸，爬上大堤，这时，他看到了通往板仓的那条土路。他在大堤上的一棵大树下坐了下来，悄悄地等待着纸月走出板仓。

当太阳升高了一截，大河上已无一丝雾气时，桑桑没有看到纸月，却看到土路上出现了三个男孩。他们在土路上晃荡着，没有走开的意思，好像在等一个人。

桑桑不知道，这三个男孩都是板仓小学的学生。其中一个，是板仓校园内有名的恶少，名叫刘一水，外号叫"豁嘴大茶壶"。其他两个，是"豁嘴大茶壶"的跟屁

> "气喘吁吁"写出纸月迟到后的着急与慌乱，她是乖巧的学生，多半不是因为偷懒或者贪玩，到底发生了什么事呢？

> 看见纸月的眼泪，桑桑觉得事情不简单，因为关心纸月，他会忍不住追究下去。

虫，一个叫周德发，另一个叫吴天衡。桑桑更不知道，他们三个人待在路上是等待纸月走过来的。

过不一会儿，桑桑看到板仓村的村口，出现了纸月。

纸月迟迟疑疑地走过来了。她显然已经看到了刘一水。有一小阵，纸月站在那儿不走了。但她看了看东边的太阳，还是走过来了。

刘一水直挺挺地横躺在路上，其他两个则坐在路边。

桑桑已经看出来了，他们要在这里欺负纸月。桑桑听父亲说过（父亲是听板仓小学的一位老师说的），板仓小学有人专门爱欺负纸月，其中为首的一个叫"豁嘴大茶壶"。**板仓小学曾几次想管束他们，但都没有什么效果，因为"豁嘴大茶壶"是个无法无天的恶少。**桑桑想：这大概就是"豁嘴大茶壶"他们。桑桑才看到这儿，就已经明白纸月为什么总是天天迟到了。

纸月离刘一水们已经很近了。她又站了一阵，然后跳进了路边的麦地。她要避开刘一水们。

刘一水们并不去追纸月，因为，在他们看来，纸月实际上是很难摆脱他们的。他们看见纸月在坑坑洼洼的麦地里走着，就咯咯咯地笑。笑了一阵，就一起扯着嗓子喊：

> 呀呀呀，呀呀呀，
> 脚趾缝里漏出一小丫。
> 没人搀，没人架，
> 刚一撩腿就跌了个大趴叉。
> 这小丫，找不到家，
> 抹着眼泪胡哇哇……

旁注：

纸月害怕他们，想避开他们，但又担心迟到，所有的迟疑，多么令人怜惜。

"豁嘴大茶壶"欺负纸月，无非是欺软怕硬，知道纸月"无父无母"，外婆年迈，这样的行径令人不齿。

三个男孩拦路欺负一个女孩儿，他们自然胜券在握，力量对比越鲜明，他们越肆无忌惮，越令人厌恶。

他们一面叫，一面劈劈啪啪地拍着屁股伴奏。

纸月现在只惦记着赶紧上学，不理会他们，斜穿麦地，往大堤上跑。

刘一水们眼见着纸月就要上大堤了，这才站起来也往大堤上跑去。

桑桑不能再在一旁看着了，他朝纸月大声叫道："纸月，往我这儿跑！往我这儿跑！"

纸月在麦地里站住了，望着大堤上的桑桑。

桑桑叫着："你快跑呀，你快跑呀！"

纸月这才朝大堤上跑过来。

在纸月朝大堤上跑过来时，桑桑一手抓了一块半截砖头，朝那边正跑过来的刘一水们走过去。

纸月爬上了大堤。

桑桑回头说了一声"你快点过河去"，继续走向刘一水们。

纸月站在那儿没有动。她呆呆地望着桑桑的背影，担忧而恐惧地等待着将要发生的殴斗。她想叫桑桑别再往前走了。但她没有叫。因为她知道，桑桑是不肯回头的。

桑桑心里其实是害怕的。他不是板仓的人，他面对着的又是三个看上去都要比他大比他壮实的男孩。但桑桑很愿意当着纸月的面，好好地与人打一架。他在心里战栗地叫喊着："你们来吧！你们来吧！"两条细腿却如寒风中的枝条，瑟瑟地抖。他甚至想先放下手中的砖头，到大树背后撒泡尿，因为，他感觉到他的裤子已经有点潮湿了。

"桑桑……"纸月终于叫道。

桑桑没有回头，一手抓着一块半截砖头，站在那儿，等着刘一水他们过来。

拦路欺负小女孩，唱着嘲讽的歌谣，"拍着屁股"伴奏，典型的无赖相。

桑桑此刻的大喊，需要勇气，而他此刻的出现，也带给纸月希望。

危险时刻，纸月并没有立即撇下桑桑过河，她虽然柔弱，虽然恐惧，但也讲义气。

桑桑虽然很害怕，但依然愿意冒险与欺负纸月的人打架。保护纸月，是桑桑的英雄梦想。

寒风中的枝条瑟瑟发抖，形象地写出了桑桑的恐惧。所谓英勇，不是毫无畏惧，而是纵然恐惧，依然不放弃，不投降。

刘一水先跑过来了，望着桑桑问："你是谁？"

"我是桑桑！"

"桑桑是什么东西？"刘一水说完，扭过头来朝周德发和吴天衡笑着。

桑桑把两块砖头抓得紧紧的，然后说："你们再往前走一步，我就砸了！"

刘一水说："你砸不准。"

桑桑说："我砸得准。"他吹起牛来，"我想砸你的左眼，就绝不会砸到你的右眼上去。"但他随即觉得现在吹这一个牛很可笑，就把腿叉开，摆出一副严阵以待的架势。

刘一水们互相搂着肩，根本就不把桑桑放在眼里，摆成一条线，大摇大摆地走过来了。

桑桑举起了砖头，并侧过身子，作出随时投掷的样子。刘一水们不知是因为害怕桑桑真的会用砖头砸中他们，还是因为被桑桑的那副凶样吓唬住了，暂时停了下来。

而这时，桑桑反而慢慢地往后退去。**他在心里盘算着：当纸月登上渡船的一刹那，他将砖头猛烈地投掷出去，然后也立即跳上渡船，将这一头的绳子解掉，赶紧将渡船拉向对岸。**

纸月似乎明白了桑桑的意图，就往大堤下跑，直奔渡船。

桑桑就这么抓着砖头，一边瞪着刘一水们，一边往后退着。刘一水们还真的不敢轻举妄动，只是在一定的距离内，一步一步地逼过来。

桑桑掉头看了一眼。当他看到纸月马上就要跑到水

> 这样的反问，显出对桑桑的不屑一顾。

> 桑桑摆出一副凶样，盘算的却是赶紧跳上渡船，带纸月一起离开，有勇有谋。

> 经常用眼神交流的桑桑和纸月，此刻颇有默契。

边时，他突然朝前冲去，吓得刘一水们掉头往后逃窜。而桑桑却在冲出去几步之后，掉头往大堤下冲去。桑桑一边冲，一边很为他的这一点点狡猾得意。

刘一水们终于站住，转身反扑过来。

桑桑朝纸月大声叫着："快上船！快上船！"

纸月连忙上了船。

桑桑已退到水边。当他看到刘一水们已追到跟前时，心里说："我不怕砸破了你们的头！"猛地将一块砖头投掷出去。然而用力过猛，那砖头竟落到刘一水们身后去了。不过倒也把刘一水们吓了一跳。这时，桑桑趁机跳上了船。当桑桑看到刘一水们正要去抓拴在大树上的绳子时，就又将手中的另一块砖头也投掷了出去。这回砸到了吴天衡的脚上，疼得他瘫在地上"哎哟哎哟"地叫唤。但就在桑桑要去解绳子时，刘一水却已抓住了绳子，把正被纸月拉向对岸的船，又拉了回去。绳子系得太死，桑桑费了很大的劲，才将它解开，而这时，船已几乎靠岸了。**刘一水飞跑过来，不顾桑桑的阻拦，一步跳到了船上。**

纸月用力地将船向对岸拉去。

刘一水朝纸月扑过来，想从纸月手里摘掉绳子。

桑桑双手抱住了刘一水的腰，两人在船舱里打了起来。桑桑根本不是刘一水的对手，勉强纠缠了一阵，就被刘一水打翻在船舱，让刘一水骑在了胯下。刘一水擦了一把汗，望着桑桑："从哪儿冒出来个桑桑！"说完，就给了桑桑一拳。

桑桑觉得自己的鼻梁一阵锐利的酸疼，随即，鼻孔就流出血来。

桑桑看到了一个野蛮的面孔。他想给刘一水重重一

桑桑的机灵在对付无赖时也能派上用场，忍不住为他此刻的英勇机智点赞。

桑桑和纸月并不恋战，只是想尽快逃脱，但是刘一水他们依仗人多，有恃无恐，跳到船上，继续挑衅。

两个人力量悬殊，桑桑被刘一水骑在了胯下，这是刘一水压制桑桑的手段，显示出他的野蛮粗鲁。

击，但他根本无法动弹。

刘一水又给了桑桑几拳。

纸月放下了绳子，哭着："你别再打他了，你别再打他了……"

刘一水眼看渡船已离岸很远，将桑桑扔下了，然后跑到船头上，趴下来卷起袖子，用手将船往回划着。

桑桑躺在舱底动也不动地仰望着冬天的天空。他从未在这样一个奇特的角度看过天空。在这样的角度所看到的天空，显得格外的高阔。**他想：如果这时，他的鸽子在天空飞翔，一定会非常好看的。河上有风，船在晃动，桑桑的天空也在晃动。桑桑有一种说不出来的晕眩感。**

纸月坐在船头上，任刘一水将船往回拉去。

桑桑看到了一朵急急飘去的白云，这朵白云使桑桑忽然有了一种紧张。**他慢慢爬起来，然后朝刘一水爬过去。当渡船离岸还有十几米远时，桑桑突然一头撞过去。随即，他和纸月都听到了扑通一声。他趴在船帮上，兴奋地看着一团水花。**过不了一会儿，刘一水从水中挣扎到水面上。桑桑站起来，用手擦着鼻孔下的两道血流，俯视着在冬天河水中艰难游动着的刘一水。

纸月将船朝对岸拉去。

当刘一水游回岸边，因为寒冷而在岸边哆哆嗦嗦地不住地跳动时，桑桑和纸月也已站在了河这边柔软的草地上。

被打倒在地的桑桑，开始仰望天空，想到他的鸽子，看似不可思议，但是人的思绪的确会不时荡漾出去。

胜利使得刘一水变得大意，桑桑才有得手的机会，刘一水落水后，桑桑兴奋地看着水花，很符合反败为胜的心境。

这一次，桑桑以少敌多，在关键时刻出奇制胜，赢在勇敢，赢在机智，更赢在正义。

六

刘一水跑回家换了衣裳，快近中午时，就觉得浑身发冷，乌了的嘴唇直打战，放学后勉强回到家中。刘一水着凉生病了。刘一水的家长就闹到了油麻地小学，就闹到了桑乔家。这么一闹，就把事情闹大了，事情一闹大，也就好收拾了。到处都有桑乔的学生。**桑乔赔了礼之后，联合了板仓小学，甚至联合了地方政府，一起出面，将刘一水等几个孩子连同他们的家长找到一起，发出严重警告：**假如日后再有一丝欺负纸月的行为，学校与地方政府都将对刘一水们以及刘一水等人的家长们进行老实不客气的处理。

> 由于板仓小学和地方政府的出面，纸月受欺负的日子终于结束了。

这天，桑乔对纸月说："纸月，板仓那边，已没有人再敢欺负你了，你还是回那边读书吧。"

纸月低着头，不吭声。

"你跟你外婆好好商量一下。"

纸月点点头，回教室去了。

桑桑的母亲说："就让她在这儿念书吧。"

桑乔说："这没有问题，就怕这孩子跑坏了身体。"

那一天，纸月坐在课堂上，没有一点心思听课，目光空空的。

第二天一早，纸月和外婆就出现在桑桑家门口。

外婆对桑乔说："她只想在油麻地读书。你就再收留她吧。"

桑乔望着纸月："你想好了？"

> 虽然桑乔校长是出于关怀纸月的目的，才让她回板仓读书，但显然纸月并不喜欢这个建议，空空的目光显示出她失落和六神无主的状态。

纸月不说话，只是点点头。

在一旁喂鸽子的桑桑，就一直静静地听着。等外婆与纸月走后，他将他的鸽子全都轰上了天空，鸽子们飞得高兴时，噼噼啪啪地击打双翅，仿佛满空里都响着一片清脆的掌声。

一切，一如往常。

但不久，桑桑感觉到有几个孩子，在用异样的目光看他，看纸月。并且，他们越来越放肆了。比如，上体育课，当他正好与纸月分在一个小组时，以朱小鼓为首的那帮家伙，就会莫名其妙地"嗷"地叫一声。恼羞的桑桑，已经揪住一个孩子的衣领，把他拖到屋后的竹林里给了一拳了。但桑桑的反应，更刺激了朱小鼓们。他们并无恶意，但一个个都觉得这种哄闹实在太来劲了。他们中间甚至有桑桑最要好的朋友。

桑桑这种孩子，从小就注定了要成为别人哄闹的对象。

这天下午是作文课。桑桑的作文一直是被蒋一轮夸奖的。而上一回做的一篇作文，尤其做得好，整篇文章差不多全被蒋一轮圈点了。这堂作文课的第一个节目就是让桑桑朗读他的作文。这是事先说好了的。上课铃一响，蒋一轮走上讲台，说："今天，我们请桑桑同学朗读他的作文《我们去麦地里》。"

但桑桑却在满头大汗地翻书包：他的作文本不见了。

蒋一轮说："别着急，慢慢找。"

慢慢找也找不到。桑桑失望了，站在那儿抓耳挠腮。

蒋一轮朝桑桑咂了一下嘴，问道："谁看到桑桑的作文本了？"

鸽子的高兴源于桑桑的兴奋，"满空里都响着一片清脆的掌声"，形象地写出了桑桑因为纸月留在油麻地读书内心的欢呼。

小孩子对男女同学间谁和谁互有好感，是最为敏感的，而且一定要闹他们。

朱小鼓们并无恶意，只是觉得很刺激，很好玩，但是处于哄闹中心的桑桑又羞又恼，纸月恐怕更觉得难堪。

"抓耳挠腮"这一动作，形象地写出了桑桑心里又急又乱，不知如何是好的窘态。

大家就立即去看自己的桌肚、翻自己的书包。不一会，就相继有人说："我这儿没有。""我这儿没有。"

而当纸月将书包里的东西都取出来查看时，脸一下红了：在她的作文本下，压着桑桑的作文本。

> 也不知道是谁的恶作剧，但是纸月脸红了，她很尴尬。

有一两个孩子一眼看到了桑桑的作文本，就把目光停在了纸月的脸上。

纸月只好将桑桑的作文本从她的作文本下抽出，然后站起来："报告，桑桑的作文本在我这儿。"她拿着作文本，朝讲台上走去。

朱小鼓领头，"嗷"地叫了一声，随即，几乎是全教室的孩子，都跟着"嗷"起来。

> 孩子们看热闹不嫌事大，嗷嗷叫唤。

蒋一轮用黑板擦一拍讲台："安静！"

蒋一轮接过纸月手中的桑桑的作文本，然后又送到桑桑手上。**桑桑开始读他自己的作文，但读得结结巴巴，仿佛那作文不是他写的，而是抄的别人的。**

> 孩子尚未成熟的恶作剧让纸月和桑桑都感觉到了羞怯。桑桑又羞又恼，但是在课堂上又不好发作。作者虽然没有直接描写桑桑的心理活动，但是桑桑的心思都通过磕磕巴巴的朗读声表现出来了。

写得蛮好的一篇作文，经桑桑这么吭哧吭哧地一读，谁也觉不出好来，课堂秩序乱糟糟的。蒋一轮皱着眉头，硬是坚持着听桑桑把他的作文读完。

放学后，朱小鼓看到了桑桑，朝他诡秘地一笑。

> 朱小鼓"诡秘地一笑"，藏有太多的内容，似乎是得意自己偷梁换柱的计谋成功，又似乎是在嘲讽桑桑在课堂上的窘迫，不论哪一种，都激怒了桑桑。

桑桑不理他，蹲了下来，装着系鞋带，眼睛却瞟着朱小鼓。当他看到朱小鼓走到池塘边上去打算撅下一根树枝抓在手中玩耍时，他突然站起来。冲了过去，双手一推，将朱小鼓推了下去。这池塘刚出了藕，水倒是没有，但全是稀泥。朱小鼓是一头栽下去的。等他将脑袋从烂泥里拔出来时，除了两只眼睛闪闪发亮，其余地方，全都被烂泥糊住了。他恼了，顺手抓了两把烂泥爬了上来。

桑桑为什么将朱小鼓推下池塘？他为什么没有逃跑？在何种情况下，"偷袭"成功后会逃跑？

桑桑没有逃跑。

朱小鼓跑过来，把两把烂泥都砸在了桑桑的身上。

桑桑放下书包，纵身一跳，进了烂泥塘，也抓了两把烂泥，就在塘里，直接把烂泥砸到了朱小鼓身上。

朱小鼓在脸上抹去一把泥，也跳进烂泥塘里。

孩子们闪在一边，无比兴奋地看着这场泥糊大战。

纸月站在教室里，从门缝里悄悄向外看着。

纸月很关心这场泥糊大战的结局，但是她又害怕众人进一步的哄闹，只能躲起来悄悄地看。

不一会儿工夫，桑桑与朱小鼓身上就再也找不出一块干净地方了。老师们一边大声制止着，却又一边看着这两个"泥猴"克制不住地笑着。

孩子们无所谓站在哪一边，只是不住地拍着巴掌。

蒋一轮终于板下脸来："桑桑，朱小鼓，你们立即给我停住！"

明明已经筋疲力尽，但众目睽睽之下，大战双方都不愿认输，"勉强"二字写出了双方的不甘与潦草。

两人也没有什么力气了，勉强又互相砸了几把烂泥，就弯下腰去，在烂泥塘里到处找自己的鞋袜。 孩子们就过来看，并指着烂泥塘的某一个位置叫道："在那边！在那边！"

桑桑爬上来时，偶然朝教室看了一眼。他看到了藏在门后的纸月的眼睛。

两天后，天下起了入冬以来最大的一场雪。

教室后面的竹林深处，躲避风雪的一群麻雀，叽叽喳喳地叫着，闹得孩子们都听不清老师讲课。仅仅是一堂课的时间，再打开教室门时，门口就已堆积了足有一尺深的雪。到了傍晚放学时，一块一块的麦地，都已被大雪厚厚覆盖，田埂消失了，眼前只是一个平坦无边的大雪原。然而，大雪还在稠密生猛地下着。

雪原之上，尽是广阔无垠的白色，孩子们染着傍晚的暮色，像一颗颗黑点，散落出去，别有意趣。

孩子们艰难地走出了校园，然后像一颗颗黑点，散落

雪野上。

桑桑的母亲站在院门口，在等纸月。中午时，她就已与纸月说好了，让她今天不要回家，放了学就直接来这儿。当她看到校园里已剩下不多的孩子时，便朝教室走来。路上遇到了桑桑，问："纸月呢？"

桑桑指着很远处的一个似有似无的黑点："她回家了。"

"你没有留她？"

桑桑站在那儿不动，朝大雪中那个向前慢慢蠕动的黑点看着——整个雪野上，就那么一个黑点。

桑桑的母亲在桑桑的后脑勺上打了一巴掌："你八成是欺负她了。"

桑桑突然哭起来："我没有欺负她，我没有欺负她……"扭头往家走去。

桑桑的母亲跟着桑桑走进院子："你没有欺负她，她怎么走了？"

桑桑一边抹眼泪，一边跺着脚，向母亲大叫："我没有欺负她！我没有欺负她！我哪儿欺负她了？！……"

他抓了两团雪，将它们攥结实，然后，直奔鸽笼，狠狠地向那些正缩着脖子歇在屋檐下的鸽子们砸去。

鸽子们被突如其来的攻击惊呆了，愣了一下，随即慌张地飞起。有几只钻进笼里的，将脑袋伸出来看了看，没有立即起飞。桑桑一见，又攥了两个雪球砸过去。鸽笼"咚"一声巨响，惊得最后几只企图不飞的鸽子，也只好飞进风雪里。

鸽子们在天空中吃力地飞着。它们不肯远飞，就在草房子的上空盘旋，总有要立即落下来的心思。

纸月已经走得很远，桑桑还是能指出似有似无的黑点是她，可见桑桑是一直悄悄盯着她走远的。

整个雪野上，只剩纸月一个人，看来近处的同学都已经回家，只有她在大雪中远途跋涉，她不留下，是不愿意让同学耍开玩笑，不愿意桑桑和自己难堪。

桑桑此刻的委屈，通过眼泪和跺脚进行宣泄。他也担心纸月，但出于害羞就没有开口挽留，母亲冤枉他欺负纸月，但桑桑从始至终，都很在乎纸月，呵护纸月，不愿意别人欺负纸月，但是他俩成为哄闹的对象，桑桑气恼且无奈。

桑桑的气恼与委屈宣泄在鸽子身上。

桑桑却见着什么抓什么，只顾往空中乱砸乱抢，绝不让它们落下。

鸽子们见这儿实在落不下来，就落到了其他草房顶上。这使桑桑更恼火。他立即跑出院子，去追着砸那些企图落在其他草房顶上的鸽子。

母亲看着跑得上气不接下气的桑桑："你疯啦？"

桑桑头一歪："我没有欺负她！我没有欺负她嘛！"说着，用手背猛地抹了一把眼泪。

"那你就砸鸽子！"

"我愿意砸！我愿意砸！"他操起一根竹竿，使劲地朝空中飞翔的鸽子挥舞不止，嘴里却在不住地说，"我没有欺负她嘛！我没有欺负她嘛！……"

鸽子们终于知道它们在短时间内，在草房子上是落不下来了，只好冒着风雪朝远处飞去。

桑桑站在那儿，看着它们渐渐远去，与雪混成一色，直到再也无法区别。

桑桑再往前看，朦胧的泪眼里，那个黑点已完全地消失在了黄昏时分的风雪里……

母亲对于桑桑的突然发疯很不解，她不明白桑桑此刻的气恼与无奈。

桑桑一直在重复"我没有欺负她"，的确他没有欺负纸月，但是他也明白纸月为什么雪天还坚持回家，他可能从未有过欺负纸月的想法，但是却挡不住别人的嬉闹，他无计可施，这样的重复是辩白，也是宣泄。

纵然在"发疯"，在宣泄，但是桑桑始终担心着风雪中的纸月。

讨 论

▼

> 1 <

纸月乖巧柔美，但是身世凄惨，她的母亲未婚怀孕，在她出生后自杀，书中没有确切提到纸月的父亲，大家猜猜，纸月的父亲是谁？

纸月的毛笔字写得很好，是有来头的。她还会背很多古诗词。后面讲到桑乔认定慧思和尚以前是个教书先生，从他的一手很好的毛笔字上，从他的一口风雅言辞上。

慧思和尚知道桑桑的名字，桑桑望着慧思和尚的脸，凭他一个孩子的感觉，他突然无端地觉得，他的眼睛似乎像另外一个人的眼睛，反过来说，有另外一个人的眼睛，似乎像慧思和尚的眼睛。

透过这样的描写，你隐约可猜到什么？

> 2 <

纸月和桑桑第一次见面的时候，桑桑的妈妈以纸月为榜样批评他不讲卫生，结果纸月和桑桑都同时把手藏在了身后。他们"藏手"的原因相同吗？如果不同，分别是什么？

桑桑和纸月都把手藏到了身后。桑桑藏住的是一双满是污垢的黑乎乎的手，纸月藏住的却是一双白净的细嫩如笋的手。桑桑藏手是因为手太脏不好意思，纸月藏手是因为善良，她不愿意因为对比让桑桑难堪。

> 3 <

下雨了，纸月在桑桑家过夜，柳柳与纸月说话，在屋里走动时，桑桑为什么不住地给小鸽子喂食，他心里在想什么？为什么作者不直接告诉我们桑桑的内心活动？

关于桑桑的心理活动，大家可以畅所欲言。作者不告诉我们桑桑的内心活动，留下空白，方便读者展开想象。有时候，小说的魅力正在于含而不露，因为含而不露，读者会忍不住去追究，这就会使小说内涵更加丰富，表现空间更为广阔。

第三章

红门（一）

导 读：

1．为什么杜小康往油麻地孩子群里一站，就能很清楚地与油麻地的孩子们区别开来？

2．什么时候桑桑和杜小康成了好朋友？

3．为什么深秋时杜小康突然终止了学业？

一

油麻地家底最厚实的一户人家，就是杜小康家。

杜小康家有油麻地最高大也最结实的房子。小青砖，小青瓦，一看就是用钱堆成的好房子。后三间，左两间，右两间，前面立起一道高墙，连成一个大院。院门两扇，为红色。虽然已多年未上新漆，但那门在擦拭过之后，依然很亮，照得见人影。

虽然众人心里都清楚杜小康家是油麻地的首富，但杜小康家的成分却并不太糟糕，因为杜小康家没有一寸地，杜小康家只开了一爿杂货铺。那年定成分，不少人推测，说杜小康家开了几代人的杂货铺，一定敛下不少金钱。但杜小康的父亲杜雍和主动将工作组邀进家中："你们可以挖地三尺，看我杜家是不是藏金埋银了。我们家也就是有这么几间房子，实在是个空壳。"弄来弄去，杜小康家的成分也难以往高里定。

后来，杜小康家照样还开杂货铺，过着油麻地人家望尘莫及的日子。

杜家就杜小康一个儿子。

油麻地的人见了杜小康在玩泥丸或者爬草垛，常用一种戏谑的口气问："杜家大少爷，你在干什么？"

杜小康不理会，依然玩他的。

杜小康个头长得高，比同龄的孩子高出一头多，但并不胖，脸色红润，很健康，是一个女孩子的脸色。杜小康生在长在油麻地，但杜小康是油麻地的一个例外。**杜小康往油麻地孩子群里一站，就能很清楚地与油麻地的孩子们区别开来，像一簸箕黑芝麻中的一粒富有光泽的白芝麻。**

▶ 黑芝麻，白芝麻，点出杜小康的与众不同。

油麻地的孩子，念书都念到六年级了，都还没有一个有一条皮带的。他们只能用一条线绳来作裤带。而这种裤带很容易打死结。小孩贪玩，又往往非玩得屎尿到门口了，才想起来找厕所。找到了厕所，就想立即解放自己。可是，一着急，把本来的活疙瘩拉成了死结，解也解不开，就搂着肚子在厕所里跺脚乱跳。最后，弯下腰去用牙咬断它，或干脆用削笔的小刀割断了事。也有咬不断的时候，手边又没有刀，免不了将屎尿弄在裤子里。

▶ 写出了十九世纪五六十年代的物质困窘，作者并未着重写那个时代的贫穷，但是他也从未美化贫穷。

杜小康才读一年级，就有了一条皮裤带。棕色的，油汪汪的样子，很有韧性，抓住一头，往空中一甩一收，就听见叭的一声脆响。下了课，孩子们你推我搡地抢占尿池，力小的，不时地被力大的从台阶上挤落下来。力小的很生气，就顺手给力大的屁股上一拳，力大的就回身来看，差点把尿尿到力小的身上……一片乱哄哄的景象。每逢这时，杜小康远远地在厕所门口站着，等哗哗声渐渐稀落下来，才走进厕所。他往台阶上一站，挺直了身子，左手抓住靠皮带扣的地方，肚皮稍微一收缩，用手拉住皮带头，这么潇洒地一拉，铁栓便从皮带眼里脱落下来，左手再一松，裤子就像一道幕布漂亮地落了下来。杜小康撒尿，绝不看下面，眼睛仰视着天空的鸟或云，或者干脆就

▶ 通过一条皮带，写出了杜小康和油麻地其他孩子的不同，有时候，物质的优裕似乎会让人显得更有底气。

那么空空地看。杜小康撒尿时，总有那么几个小孩站在那儿很羡慕地看，把他撒尿时的那副派头吃进脑子，仿佛要努力一辈子记住。

油麻地一般人家的小孩，一年四季，实际上只勉强有两季的衣服：一套单衣，一套棉衣。中间没有过渡的衣服，脱了棉衣，就穿单衣，脱了单衣就穿棉衣。因此，到了春天，即使天气已经非常暖和了，但又因为未能暖得可穿单衣，只好将冬天的棉袄硬穿在身上，稍微一折腾，就大汗淋漓，满头满脑门子的汗珠。等坐下来，静下身子与心，身上就冰凉冰凉的。再折腾，又出汗，循环往复，等天气又稍暖了一些，教室里就有一股不好闻的汗酸味。而到了秋天，即使天气已经很凉了，但又因为未凉得可穿棉衣，只好将单衣硬穿在身上，缩着身子去抵抗凉意。**那时节，老师在课堂上讲课，就见一屋子孩子缩着脖子，露着一张张发乌的小脸。**

杜小康却有一年四季的衣服。冬季过去，棉袄一脱，就在衬衫外面，加一件不薄不厚的绒衣或毛衣，再穿一件外衣。若天气又暖和一些了，就脱掉了外衣。天气再暖和下去，就脱掉绒衣或毛衣，再重新穿上外衣，直至只穿一件单衣进入夏季……一年四季，他完全可以根据天气的冷暖来增减衣服。**因此，一年四季的杜小康，身体都是很舒服的。杜小康不会缩头缩脑地被凉意拴住全部的心思。杜小康身上也没有酸溜溜的汗臭——杜小康身上，只有一股很清洁的气味。**

到了严冬，杜小康的形象就最容易让人记住：他上学时，嘴上总戴一个白口罩。那白口罩很大，只露出一对睫毛很长的大眼。远看，他整个的脸，就是一个大白口

应季合体的衣着，是保持身体舒适的基本条件之一，但因为条件的艰苦，大多数孩子在穿衣服上只能将就，只能凑合。

"缩着脖子""发乌的小脸"，写出衣裳单薄的孩子在深秋里抵抗凉意的窘迫，因为没有四季衣裳，他们只能选择忍耐。

生活优裕，备受宠爱的杜小康与其他孩子形成鲜明的对比。

罩。在油麻地小学，除了温幼菊也戴口罩，就只有他一个人了。杜小康的白口罩总是很白。因为杜小康不只是有一个白口罩。戴着白口罩，穿过寒风肆虐的田野，来到学校时，杜小康看到其他孩子用手捂住随时要呛进寒风的嘴，就会有一种特别的好感觉。**他往教室走来了，热气透过口罩，来到寒冷的空气里，就变成清淡的蓝雾，在他眼前飘忽。**而当蓝雾飘到他的睫毛与眉毛上，凝起一颗颗清凉的细小的小水珠时，他觉得格外的舒服。进了教室，他在许多目光注视之下，摘下了口罩。说是摘下，还挂在脖子里，只是将它塞到了胸前的衣服里。这时，他的胸前，就会有两道交叉的白线。这在一屋子穿着黑棉袄的孩子中间，就显得十分健康，并非常富有光彩。

> 热气形成的雾居然是清淡的蓝色？我们可以在生活中仔细观察，看看不同季节，不同环境下的雾气都有什么样的颜色？仔细凝视这个世界，会有不一样的发现。

大约是在杜小康上四年级时，他变得更加与众不同了。因为，他有了一辆自行车。虽然这只不过是一辆旧自行车，但它毕竟是一辆自行车，并且是一辆很完整的自行车。当时的油麻地，几乎没有一辆自行车，即使油麻地小学的老师，也没有一个有自行车的。蒋一轮离家十多里地，星期六下午也只能是步行回家。**杜小康其实没有必要骑自行车上学。因为他的家离学校并不远。但杜小康还是愿意骑自行车来上学。**最初，他的腿还不够长，只能把腿伸到车杠下，将身体挎在车的一侧，一蹬一蹬地驱动着，样子很滑稽。不久，杜雍和给他将车座放到最矮处，他本来就比别的孩子高，骑上去之后，就可以用脚尖很正常地蹬动它了。他骑着它，在田野间的大路上飞驰，见前面有其他孩子，就将车铃按得叮零零一路响。孩子们回头一看，就闪到一边。胆小怕轧的，就赶紧跳到地里。他骑着车，呼啦一声过去了，那几个孩子就会嗷嗷叫着，一路在

> 杜小康特意骑自行车来上学，一方面是骑车更便捷，另一方面更多是为了炫耀自己的与众不同，享受众人羡慕的目光。

后面追赶。追赶了一阵，终于没有力气了，只好上气不接下气地朝越来越远的杜小康和他的自行车看，都在心里想：让我骑一会儿，多好！**杜小康把车骑进校园时，不管有人没人，照例要按一串铃声。**这时，就会有无数的脑袋一律转过来望他骑车风一般荡过花园。他下了车，将它歪靠在离教室不远的一棵大树上，然后咔嗒一声将车锁上了。孩子们都想骑一骑它，但他一个也不答应。唯一能借用一下这辆自行车的，也只有蒋一轮一人。因为他是老师。

杜小康的成绩还特别好，除了纸月可以跟他比，谁也比不过他。因此，杜小康一直当班长。

不少孩子怕杜小康。这原因倒不在于他是班长。而是因为他家开着杂货铺。这里的人家，买油盐酱醋，或买萝卜干、咸鱼、火柴、小瓦罐什么的，一般都得到杜雍和的杂货铺来买。而谁家买些日常用的东西，如打半斤酱油、称几两煮鱼用的豆瓣酱什么的，一般都让孩子去。这些孩子当中，有不少就是杜小康的同学。他们来了，不知道是为了什么，明明是自己出了钱的，但看到杜小康，却有一种来白要他家酱油或豆瓣酱的感觉。**如果是家里一时没有钱，让他们来赊账打酱油或买豆瓣酱的孩子，进了红门，想着马上就要看见杜小康了，感觉就很不好，脚步总是踟蹰不前。**一些孩子一不留神，在与杜小康玩耍时，得罪了他，这时就不肯来他家打酱油或买豆瓣酱。可是，家里正急等着用酱油或豆瓣酱，在父母的不可商量的目光逼视之下，只好很无奈地往红门走。那时，一路上就闪现杜小康的样子，想象着他在看到他父亲准备往酱油瓶里灌酱油时，会说："他们家上回打酱油的钱还没给哩！"油麻地的小孩一般都不去恼杜小康。

铃声传达的是杜小康的得意与欣喜，他毕竟只是一个孩子，他很享受这种独自拥有自行车的优越感。

家境好，长相好，成绩还特别好，这些似乎都让杜小康显得特别与众不同。

孩子们的自尊心让他们不愿意在杜小康面前露怯，但碍于家长的威严，不得不来，脚步踟蹰不前，写出了他们的迟疑与为难。

桑桑跟随父亲来油麻地小学上学时，是学校开学的第三天。那天，蒋一轮将他带到班上，对班上的同学介绍说："他叫桑桑，是我们班新来的同学，大家欢迎！"

孩子们都鼓掌，但杜小康没有鼓掌，一副无所谓的样子。

因为习惯了自己的优越感，习惯了众人的目光关注，杜小康是有傲气的，不愿意对新来的桑桑显示太多热情。

阿恕已经认识了桑桑，说："他爸爸是校长！"

这时鼓掌的孩子们几乎都站了起来，掌声更响。

桑桑看到，只有杜小康没有站起来。他用手托着下巴，只是很淡漠地看了一眼桑桑。

"只有"两个字写出了杜小康的骄傲，也写出了桑桑的诧异。

桑桑心里还不清楚，他从此就有了一个对手……

二

杜小康总能做成许多其他孩子想做、但做不成的事情。**比如那天学校通知大家下午从家里带一把镰刀来割河边上的柳枝做柳筐，无论是哪一个班，也未能做到都带镰刀。**因为那时正在收割季节，大人们都用镰刀，若没有闲置着的另一把镰刀，那个人家的孩子就无镰刀好带。即使有镰刀能带的，也有一些家长不让带，他们怕小孩用起镰刀来瞎胡砍，把刀锋砍豁了。桑桑他们班的情况也一样，蒋一轮数了数堆在地上的镰刀，皱起眉头，问："没有带镰刀的，站起来！"摇摇晃晃地、很不好意思地站起一大片人来。蒋一轮就一个个问过去："为什么没带镰刀？"这时，杜小康举起手站起来："报告，我出去一趟。"蒋

那个年代物质匮乏，乡村小学很多时候需要师生勤工俭学，有一点儿收入，补贴学校以维持正常运营。

一轮正在追问一个吭哧了半天还没有讲明原因的孩子，就说："去吧。"这里，蒋一轮刚把那些没有带镰刀的孩子一个个地追问完，杜小康抱了十几把镰刀来了。这个季节，他家的杂货铺里有的是镰刀。他跑回家，对杜雍和说："我要拿十几把镰刀到学校，用用还拿回来。"一向对杜小康有求必应的杜雍和想，用一用，照样卖，就说："拿吧，当心别被刀口碰着了。"那些依然站着的孩子，一见这十几把镰刀，犹如罪犯被人保释了，吐出一口气，一个个都很感激地看着杜小康。而杜小康对这些目光无所谓。

桑桑看着杜小康走回座位上，心里老大不自在。

但一般来说，桑桑和杜小康没有太多的摩擦。桑桑跟杜小康的关系很稀松。两人似乎都很小心。相对于油麻地其他孩子，桑桑似乎也没有太多有求于杜小康的事情。桑桑不缺橡皮，不缺砚台，桑桑也有钱买糖块和小芝麻饼吃，桑桑的成绩虽然不如杜小康，但也不错，尤其是作文，常常得到蒋一轮的夸奖。

但是，有时候，无缘无故地，杜小康就会盘旋在他的心头，像秋天高远的天空下一只悠然盘旋于他的鸽群之上的黑色的鹰。

五月，是收获麦子的季节。像往年一样，油麻地小学的师生们都得抽出一些时间来帮油麻地地方上割麦子或帮着拣麦穗。这一季节，是孩子们所喜欢的季节，他们可以到田野上去，借着拣麦穗的机会，在地里说话、争论一个问题，或者干脆趁老师不注意时在地上抱住一团打一架，直滚到地头的深墒里，然后再神秘地探出头来看动静。**女孩们就会一边拣麦穗，一边将地边、田埂上一株蓝色的矢**

"犹如罪犯被人保释"形象地写出了孩子们夹在家长和老师之间的为难，家长不允许带镰刀，但违背了学校的要求，就得接受老师的追问，杜小康的帮助及时且到位。

两个各有"风头"可出的孩子，小心保持着井水不犯河水的平衡。

桑桑感受到来自杜小康的"威胁"。因为桑桑本就是一个爱表现、出风头的孩子。当遇到与自己实力旗鼓相当的同龄人时，他会感觉到威胁而生出戒备。

爱美是天性，女孩子们对花的喜爱是难以克制的。在田间采野花是对美的热爱，也是自由天性的释放。

车菊或其他什么颜色的小花摘下来，插到小辫上。

那时，纸月早已经转到油麻地小学来读书了。她常忘了她是来拣麦穗的，总是拿眼睛去望那些开在草丛里的各种颜色、但又开得不怎么热闹的小花。几个女孩就鼓动她掩护她去把那些她喜欢的花摘下来。她战战兢兢地跑到田埂上，用一对睁得大大的眼睛，看着周围，把一朵或几朵，蓝的或淡紫的花摘下来，又赶紧跳到地里再去拣麦穗。只是做做样子，并没有把麦穗捡起来。不是没有麦穗。只是心里还在惦记着另外两朵淡黄色的小花。**等到老师吹响哨子，让大家集合时，她的柳篮子里，在那半篮子金黄的麦穗上，居然有了一小束用青草扎住的五颜六色的花。**女孩子们就都过来看，但都不动手，就让那束花躺在麦穗上。

今天拣麦穗的麦田，是油麻地最偏远的一片麦田，离油麻地小学差不多有两里多地。因此，太阳还有一竿多高，蒋一轮就让大家从麦田里撤出，把拣来的麦穗倒在一张预先准备好的芦苇席上，然后对大家说："回学校了，取了书包，就回家。"

一支队伍，哩哩啦啦地来到了大河边。

蒋一轮在后头走，不一会儿，就听到前头的孩子传过话来，说过不去河了。

"怎么过不去河？"蒋一轮一边问，一边就"去去去"地说着，把前面走着的孩子拨到一边，直往河边走。

听说过不去河了，后面的孩子就大声叫起来："过不去河了！""过不去河了！"来不及从田埂上走，就打麦田往河边跑。

蒋一轮站在了大河边上。他看到那座桥中间的一块桥

> 金黄的麦穗，五颜六色的花，多好看的一幅画面，怪不得女孩子只是过来看，都不动手，她们不愿意破坏这一画面的美好与和谐。

> "哩哩啦啦"是方言，意为稀稀拉拉。因为同学们散落在麦田里，或许还有人留恋田野，动作节奏不一致，队伍稀稀拉拉的。

板不在了。刚才来时还在，大概被过路的有高船篷的船撞下了河，被河水不知冲到什么地方去了。

孩子们都来到河边上。见自己忽然绝了路，只面对一条流水不息的大河，莫名其妙地感到兴奋，在岸边跳跃不止，互相搂抱："过不去河啦！——过不去河啦！——"

蒋一轮说："等过路的船吧。"

但等了差不多一个小时，也没有见着一条过路的船。

太阳慢慢地西沉，在地里觅食的乌鸦，正叫着，在夕阳里滑动，向栖身的林子而去。风从河上吹来了傍晚时的凉意。

孩子们累了，坐在河堤上，向大河尽头望，希望能看见有一条大船过来。但河上空无一物，只有淙淙流淌的河水。

纸月一直坐在一棵小楝树下，抓着那束花，呆呆地望着大河。她离家最远，她在想外婆：回去迟了，外婆就会担忧地走到路口上来等她的。想到天黑，她一人走在路上，她心里有点儿害怕了。

那座似乎永远也不能再连接上的桥，一动不动地矗立在水中。桥柱把寂寞的水声一阵阵地传给孩子们。

男孩们等得无聊了，有几个就走上了河这边剩下的那一段桥，在大家担忧与恐惧的目光里，装成若无其事的样子，直走到尽头。几个女孩就惊叫一声，不敢再看，把眼睛闭上了。其中一个男孩，还故意向后仰着，然后做出一个正向水里跌倒又企图不让自己跌倒的样子，惊得大家都站了起来。其实，他们离尽头还有一大步远呢。

桑桑笑了笑，在没有人再敢去走这段剩桥时，他却走了上去，而且是一直地往前走，就仿佛前面并无那么一个

孩子们总是对突发事件感兴趣，就连自己绝了路，都这么兴奋，未经世事的勇敢和乐观也是孩子气的表现。

因为离家最远，又只有年迈的外婆相依为命，纸月的忧虑与困难总是比同龄人更多一些。

巨大的缺口，他要一口气地走到已在太阳余晖中的大河对岸似的。

桑桑真的走到了尽头。他笔直地站在那儿，像一棵小松树。

河上的风大起来，撩起桑桑的衣角，吹得他头发乱飞。

桑桑突然仰望天空，做了一个双手向前一伸的动作。

纸月一惊，手中的那束花丢在了草丛里。

桑桑将这副样子在桥头好好地停留了一阵。但当他低头再去看滚滚的河水时，他突然有点胆寒了，就转过身来，走回岸上。

鲜红的太阳还只剩下三分之一时，孩子们看见又一个人走上了剩桥：杜小康！

暮色里，杜小康走在高高的剩桥上，身子显得更加的细长。他一副悠闲的样子，仿佛走在一条秋天的田埂上。**他走过去，走过去，就这么不慌不忙地走过去。然后，似乎双脚有一半站到了桥外，动也不动地立在晚风里、夕阳中。再然后，他坐下了，将两条长腿很轻松地垂挂在桥头上。**

一个男孩叫起来："杜小康！"许多孩子一起叫起来："杜小康！杜小康！"很有节奏。

杜小康头也不回，仿佛这天地间，就他独自一人坐在犹如万丈深渊的断桥头上。

太阳终于熄灭在了西边的芦苇丛中。霞光将杜小康染成暗红色。他的头发在霞光里泛着茸茸的柔光。

终于有一条大船过来了。

摇船的那个人叫毛鸭。

這似乎是男孩子比试勇气的环节，桑桑敢走到剩桥尽头，显示出他的勇敢，小松树的比喻显示出他的笔直与坚定。

纸月一惊，显示出桑桑动作的危险，也表露出纸月对桑桑的关切。

将脚一半站到桥外，并且轻松地坐在了桥头，显然杜小康挑战了更高的难度，赢得了喝彩。

杜小康的确与众不同，不单单是家境优越，成绩优秀，他的傲气有一种凛然之美。

孩子们不再去看杜小康。此刻只有一个心思：上船、过河、上岸，去学校背书包，赶紧回家。他们一起叫起来："把船靠过来！把船靠过来！……"

毛鸭很生气："这帮小屁孩子，全没有一点规矩！"不肯将船摇过来，往对岸靠去了，那边有他家刚割下的麦子，他要用船将麦子弄回家。

蒋一轮让孩子们别乱喊，自己亲自对毛鸭喊："麻烦了，请把船弄过来，把这些孩子渡过河去，天已晚啦。"

毛鸭是油麻地的一个怪人，生了气，一时半会消不掉，只顾将船往岸边靠，并不搭理蒋一轮。

孩子们就在这边小声地说："这个人真坏！""坏死了！""没有见过这么坏的人！"

顺风，毛鸭听觉又好，都听见了。"还敢骂我坏！"就更不肯将船弄过来。

眼见着天就要黑下来了。远处的村落里，已传来了呼鸡唤狗的声音。晚风渐大，半明半夜的天空，已依稀可见几颗星星了。

正当大家一筹莫展的时候，一个人影从断桥头上垂直地落下了，发出唰的一声水响。

"是谁？"蒋一轮大吃一惊，问道。

"是杜小康。"

但马上有人回答："不是杜小康。杜小康已经回来了。"

"杜小康！杜小康在哪儿？"蒋一轮问。

"我在这儿。"杜小康在人群里举起了手。

阿恕举起了手中的衣服："是桑桑。他说，他游过河去，跟毛鸭好好说一说，让他把船弄过来。"

天色已晚，孩子们开始着急，全然忘了礼貌，冲着大船直接叫起来，反而惹恼了毛鸭。

相比之下，蒋一轮的呼喊礼貌客气了许多，他使用了敬语，摆明了困难，需要麻烦对方。

此刻的环境描写，不单单是表明天色越来越晚，也衬托出孩子的焦急。

孩子们都站了起来，看着被朦胧的暮色所笼罩的大河：河水被桑桑划开，留下长长一条水痕；不见桑桑的身子，只看见一颗黑色的脑袋正向对岸靠近。

蒋一轮喊着："桑桑！"

桑桑不作答，一个劲地游，不一会儿工夫，这边岸上的孩子们就看不清他的脑袋了。

过了一会儿，桑桑在对岸大声说："我游过来啦！"

孩子们互相说："过一会儿，船就过来了。"同路的孩子，就商量着一起走，谁先送谁回家。

但是过了很久，也不见对岸有动静。

阿恕就把手圈成喇叭，向对岸喊："他是校长的儿子！"

不少孩子跟着喊："他是校长的儿子！"

刚有点动摇了的毛鸭一听，心里很不服气："校长家的儿子？校长家的儿子就怎么啦？校长家的儿子有什么了不起的？校长家的儿子就是人物了吗？拿校长来压我！校长也不是干部！我在乎校长？！"他根本不再理会只穿一件小短裤的桑桑。

又过了一会儿，这边眼睛亮的孩子，就指着大河说："桑桑又游过来了，桑桑又游过来了……"

岸边一片叹息声。一个路稍微远一些的女孩竟然哭起来："我不敢一人走……"

蒋一轮很恼火："哭什么？会有人送你回家的。"

纸月没有哭，只是总仰着脸，望着越来越黑的天空。

这时，杜小康爬到河边一棵大树上，朝对岸大声叫喊着："毛鸭——！你听着——！我是杜小康——！你立即把船放过来——！你还记得我们家墙上那块黑板吗？——还

桑桑是颇有英雄气概的，当大家一筹莫展的时候，他愿意跳河去和毛鸭沟通，请他帮忙，当然他的水性很好，这是前提。

孩子们毕竟单纯，他们很信赖桑桑，觉得桑桑一定能够说服毛鸭，自己很快就能回家。

孩子们太着急了，想要表明桑桑的特殊，抬出校长来壮大声势，没想到弄巧成拙，进一步惹恼了毛鸭。

毛鸭虽然很倔强，但欠钱总是理亏的，杜小康拿这一点"威胁"，戳到了毛鸭的痛处。

记得那上面写着什么吗？……"

一个叫川子的男孩，捧着碗去红门里买酱豆腐时，看见杜雍和记账的小黑板上都写了些什么，就对周围的孩子说："毛鸭欠着杜小康家好几笔账呢！"

杜小康没有再喊第二遍，就那样站在树丫上，注视着对岸。

过不了一会儿，大船的影子就在孩子们的视野里变得大起来，并且越来越大，越来越大……

杜小康从树上跳了下来，说："准备上船吧。"

当大船载着孩子们向对岸驶去时，桑桑还在水中游着。船上的孩子借着月光看水中的桑桑，就觉得他的样子很像一只被猎人追赶得无处可逃，只好跳进水中的一只灰溜溜的兔子……

> 杜小康不喊第二遍，是因为骄傲，也是因为相信自己的叫喊绝对有效，不得不说，小康在关键时刻，很聪明。

三

到了冬天，每天吃完晚饭，桑桑就会跑到河那边的村子里。他或者是到阿恕家去玩，或者是跟了大人，看他们捉在屋檐下避风的麻雀。村里最热闹的是红门里的杜小康家。每天晚上，都会有很多人集聚在他家听人说古。**因为杜小康家房子大，并且只有杜小康家能费得起灯油。桑桑也想去，但桑桑终于没去。**

冬天的晚上，若是一个月白风清的好天气，油麻地的孩子们最感兴趣的还是捉迷藏。那时候，大人们都不愿

> 桑桑有自己的骄傲，不愿意到杜家屋檐下。

意出门，即使愿意出门的，又差不多都到红门里听说古去了，因此，整个村子就显得异常的寂静。这时，似乎有点清冷的月亮，高高地悬在光溜溜的天上，衬得夜空十分空阔。雪白的月光均匀地播撒下来，照着泛着寒波的水面，就见雾气袅袅飘动，让人感到寂寞而神秘。**月光下的村子，既像在白昼里一样处处可见，可一切又都只能看个轮廓：屋子的轮廓、石磨的轮廓、大树的轮廓、大树上乌鸦的轮廓。**巷子显得更深，似乎没有尽头。这是个大村子，有十多条深巷，而巷子与巷子之间还有曲曲折折的小巷。在这样的月色下，整个村子就显得像个大迷宫了。巷前巷尾，还有林子、草垛群、废弃的工棚……所有这一切，总能使油麻地的孩子们产生冲动：**突然地躲进一条小巷，又突然地出现了，让你明明看见了一个人影，但一忽闪又不见了，让你明明听见了喊声，可是当你走近时却什么也没有……**

　　在油麻地的孩子们眼里，冬季实际上是一个捉迷藏的季节。

　　捉迷藏有许多种。其中一种叫"贼回家"。这是油麻地的孩子们最喜欢玩的一种。大家先在一起确定一个家。这个家或是一棵树，或是一堵墙，或是两棵树之间的那个空隙，家的形式多种多样。只有一个人是好人，其余的都是贼。说声"开始"，贼们立即撒丫子就跑，四下里乱窜，然后各自找一个他自认为非常隐蔽的地方藏起来。好人很难做。因为，他既得看家，又得出来捉贼，光看家，就捉不了贼，而光捉贼，又看不了家，就得不停地去捉贼，又得不停地往回跑，好看着家。好人必须捉住一个贼，才能不做好人，而让那个被他捉住的贼做好人。大家

電灯并不普及的年代，人们通过月光来辨识夜晚的景物。月白风清时，月明如昼，人们能看得见却看不真切，一切都笼罩在月光中，影影绰绰。四个"轮廓"的排比描绘了月光下的景色。

这种紧张刺激的感觉是在夜色中捉迷藏的魅力所在。

孩子的眼中，对时节、地点有独特的判断方式，这也是童心的体现。

都不愿意做好人。做贼很刺激，一个人猫在草垛洞里或猪圈里，既希望不被人捉住，又希望捉他的人忽然出现，并且就在离他尺把远的地方站着，他屏住呼吸绝不发出一点声响，而当那个捉他的人刚刚走开，他就大喊一声跑掉了，再换个地方藏起来。

村头上，由桑桑发起的这场游戏，马上就要开始。好人是倒霉的阿恕。这是通过"锤子、剪刀、布"淘汰出来的，谁也帮不了他的忙。

游戏刚要开始，杜小康来了。他说："我也参加。"

阿恕他们望着桑桑。

桑桑说："我们人够了。"

杜小康只好怏怏地走开了。

桑桑看了一眼杜小康的后背，故意大声地叫起来："开始啦——！"

玩完一轮，当桑桑气喘吁吁地倚在墙上时，他看到了不远处的石磨上坐着杜小康。**桑桑心里很清楚，杜小康很想加入他们的游戏。但桑桑决心今天绝不带杜小康参加。桑桑想看到的就是杜小康被甩在了一边。桑桑在一种冷落他人的快意里，几乎有点颤抖起来。**他故意和那些与他一样气喘吁吁的孩子们，大声地说笑着。而那些孩子，只顾沉浸在这种游戏的乐趣里，谁也没有去在意平时他们不能不去在意的杜小康。

又玩了一轮。

杜小康还坐在石磨上。唯一的变化就是他吹起了口哨。哨声在冬天的夜空下，显得有点寂寥。

阿恕看到了杜小康，说："叫杜小康也参加吧。"

桑桑说："'贼'已经够多了。"

桑桑和杜小康虽然没有直接矛盾冲突，但也有着互相的比较和在意，桑桑也在有意出风头。

桑桑故意排挤杜小康，许是因为嫉妒，许是杜小康的优越让他感觉不快。

被冷落的杜小康有些孤独。

老实的阿恕有意调和，但桑桑坚持自己此刻的优势，不愿让杜小康加入游戏。

新的一轮游戏，在桑桑的十分夸张的叫喊中又开始了。作为"贼"的桑桑，他在寻找藏身之处时，故意在杜小康所坐的石磨的架子底下藏了一会，并朝那个看"家"的"好人"叫着："我在这儿哪！"见那个"好人"快要走到石磨旁了，他才钻出来，跑向另一个藏身之处。

这一回，桑桑决心成为一个捉不住的贼。他钻进了一条深巷，快速向巷子的底部跑去。他知道，住在巷尾上的二饼家，没有人住的后屋里停放着一口空棺，是为现在还活得十分硬朗的二饼的祖母预做的。他到二饼家玩，就曾经和二饼做过小小的游戏：他悄悄爬到空棺里。但那是在白天。现在桑桑决定在夜晚也爬进去一次。**桑桑今晚很高兴，他愿意去做一些让自己也感到害怕的事情。他更想在做过这件出人意料的事情之后，让那个独自坐在石磨上的杜小康也能从其他孩子的惊愕中知道。**

▶ 桑桑因为排挤了杜小康而有些得意，同时他还想在杜小康面前表现他的勇敢。

桑桑钻进了二饼家的漆黑一团的后屋。他恐怖地睁大了眼睛，但什么也看不见。他知道那口漆得十分漂亮的空棺停放在什么位置上。他想算了，还是躲到一个草垛洞里或是谁家的厕所里吧，但是，他又不肯放弃那个让他胆战心惊的念头。桑桑总是喜欢让自己被一些荒诞的、大胆的、出乎常理的念头纠缠着。

在这一轮的"贼回家"中，扮演"好人"角色的正是二饼。

"二饼可能会想到我藏在这儿的。"桑桑就想象着：我躺在空棺里，过了不一会儿，就听见有沙沙声，有人进屋了，肯定是二饼，二饼走过来了，可是他不敢开棺，好长时间就站在那儿不动，我很着急，你开呀，开呀，二饼还是开了，漆黑漆黑的，二饼在往里看，可

▶ 桑桑的心理活动描写非常细腻。

是他看不到我，我也看不到他，但我能够想到他那时候的眼睛，一对很害怕的眼睛，我也很害怕，但我屏住气，没有一丝响声，二饼想伸手进来摸，可终于不敢，突然地跑掉了……

桑桑壮起胆子，爬进了空棺。他没有敢盖盖儿。

过了一会儿，桑桑就不太害怕了。他觉得这也没有什么。他闻着好闻的木香，觉得这里头很温暖。**有一阵，他居然心思旁出，想到了他的鸽子，在地上啄食的鸽子，在天空下飞翔的鸽子，蹲在屋脊上接受阳光抚摸的鸽子……**

似乎有一阵窸窣声。

桑桑猛然收紧了身体。但他马上就判断出，这不是二饼，而是一只寻找老鼠的猫。这时，桑桑希望那只猫在这里多停留一会，不要立即走开。但那只猫在屋里寻觅了一番，呜噜了一声，丢下桑桑走了。桑桑感到有点遗憾。

巷子里有嗵嗵嗵的跑步声。

桑桑知道：这是一个"贼"，正被"好人"追赶着。他赶紧笔直地躺着。因为他怕"好人"突然放弃了追逐的念头，而改为到后屋里来刺探。桑桑又希望"好人"改变主意而立即到后屋里来。

一前一后，两个人的脚步声却渐渐消失在了黑暗里。

桑桑有点后悔：我大叫一声就好了。

桑桑还得躺下去。他忽然觉得这样没完没了地躺着，有点无聊。他就去想坐在石磨上的没有被他搭理，也没有被阿恕他们搭理的杜小康。**桑桑自己并不清楚，他为什么要对杜小康耿耿于怀。**但杜小康确实常常使他感到憋气。杜小康的样子，在他脑海里不住地飘动着。他居然忘了游戏，躺在那里生起气来，最后竟然用拳头捶了一下棺板。

捶击声，吓得桑桑自己出了一身冷汗。他立即坐起来，并立即爬出空棺，跑出了黑屋。

桑桑来到了空巷里。

月亮正当空，巷子里的青砖路，泛着微微发蓝的冷光。

桑桑看了看两侧的人家，全都灭灯了。

村头，传来更夫的竹梆声。

桑桑忽然意识到：不可能再有人来抓他了，他只有自己走出来。桑桑让自己变成了一个尴尬的角色。

桑桑为了不让杜小康看见，从后面绕了一大圈，才来到"家"。 而"家"却空无一人。他去看石磨，石磨也空空的。他抬头看看月亮，很失落地向四周张望。没有一个人影，就像这里从未聚集过人一样。他骂了几句，朝大桥走去，他要回家了。

黑暗里走出了阿恕："桑桑！"

"他们人呢？"

"都被杜小康叫到他家吃柿饼去了。"

"你怎么没去？"

"我一吃柿饼，肚子就拉稀屎。"

"我回家了。"

"我也回家了。"

桑桑走上了大桥。当桑桑在桥中间做一个停顿时，他看到了自己倒映在水面上的影子。一个孤单单的影子。来了一阵风，桑桑眼见着自己的影子被扭曲了，到了后来，干脆被揉皱了。 桑桑不想再看了，又往前走。但只走了两三步，突然回头了。他在村头找了一块很大的砖头，然后提在手里，连续穿过房子的、树木的黑影，来到了红门

其实桑桑和杜小康之间并没有实质矛盾，只是两个骄傲的孩子彼此不服气而已。

作者对色彩极为敏感，月光下，青砖路是冷色调的。清冷的月光照着寂静的村庄，也照着空巷里落寞的桑桑。

之前的桑桑，故意排挤杜小康，所以在他面前大摇大摆、肆意张扬。此时的桑桑，计划落空，只好灰溜溜地绕一大圈，不想被杜小康撞见尴尬的自己。

桑桑一直躲藏却无人寻找，悻悻地走出躲藏地，听阿恕说才知道杜小康邀请了大家去吃柿饼，桑桑相当于棋输一着。他想冷落杜小康，却被报复，最终剩下孤单单的自己，无趣且尴尬。

前。他瞪着红门，突然地一仰身体，又向前一扑，用力将砖头对准红门掷了出去。当红门发出咚的一声沉闷而巨大的声响时，桑桑已经转身逃进了黑暗。

第二天，桑桑装着在村巷里闲走，瞥了一眼红门，只见上面有一个坑，并且破裂，露出了里头金黄的木色。

不知道桑桑过来验收自己昨夜的报复，心情如何？

四

桑桑这个人，有时丢掉骨气也很容易。

桑桑像所有孩子一样，对自行车有一种无法解释的迷恋。桑桑的舅舅有一辆自行车。每次，舅舅骑车来他家时，他总要央求舅舅将自行车给他。**起初，他只是推着它，就觉得非常过瘾。他把自行车推来又推去，直推得大汗淋漓。**后来，就学着用一只脚踩住脚蹬，用另一只脚去蹬地面，让车往前溜。总有摔倒跌破皮的时候，但桑桑一边流着血咬着牙，一边仍然无休止地蹬下去。当他能连蹬几脚，然后将脚收住，让自行车滑行下去十几米远时，**桑桑的快意就难以言表了。**自行车之所以让那些还未骑它或刚刚骑它的人那样着迷，大概是因为人企望有一种，或者说终于有了一种飞翔的感觉。自行车让孩子眼馋，让孩子爱不释手，甚至能让孩子卑躬屈膝地求别人将他的自行车给他骑上一圈，大概就在于它部分地实现了人的飞翔幻想。

而自行车让人觉得最丢不下的时候，是这个人将会骑

详细地描述桑桑学骑自行车的过程，表现桑桑对自行车的迷恋，为下文作铺垫。

的确，这个时候，学骑自行车的人，有一种即将掌握新技能的成就感，同时还不断遇到挑战，惊喜且刺激。

又不太会骑的时候。

桑桑就正处在这个时候。但桑桑无法去满足那种欲望。因为桑桑家没有自行车。桑桑的舅舅也很难得来桑桑家一趟。**桑桑只有跑到大路上去，等别人骑自行车过来，然后用一对发亮的眼睛看着，咽着唾沫。**有个人将车临时停在路边，到坡下去拉屎。桑桑居然敢冲上去，推起人家的自行车就蹬。那人屎没拉尽，一边系裤子，一边追过来，夺过自行车后，踢了桑桑一脚，把桑桑踢滚到了路边的稻地里。桑桑抹了一把泥水，爬上来，眼馋地看着那人把自行车摇摇晃晃地骑走了，朝地上吐了一个唾沫。

现在，桑桑身边的杜小康就有自行车。

但杜小康的自行车谁也碰不得——包括桑桑在内。桑桑只能在一旁悄悄地看一眼那辆被杜小康擦得很亮的自行车。看一眼，就走。桑桑不愿让杜小康知道他馋自行车。桑桑在杜小康面前必须作出一种对他的自行车并不在意的样子。

但杜小康知道，所有的孩子，都想玩自行车，桑桑也不例外。

不知是出于什么原因，在一个星期六的傍晚，杜小康骑车穿过花园时，遇见了桑桑，双手一捏闸，就把车停下了："你想骑车吗？"

桑桑呆住了，竟不知道如何回答。

"明天上午，我在村子后面的打麦场上等你，那里的空地特别大。"杜小康说完，骑车走了。

桑桑的心都快颤抖了。他掉头望着杜小康远去的背景，**冰消雪融**，竟在一瞬间就将以前一切让他不愉快的事情统统丢在了九霄云外。

▶ "咽着唾沫"这个动作写出了桑桑对自行车的极度渴望。

▶ 桑桑非常眼馋杜小康的自行车，又要努力保持自己的尊严，做出不在意的样子，"表里不一"，实在太难了。

▶ 收到杜小康的邀约，桑桑极端诧异，没有想到对手会来示好。

▶ "冰消雪融"四个字写出了桑桑心中不愉快消逝之快，之彻底。

这就是桑桑。

第二天一早，桑桑就去了打麦场。他坐在石磙上，望着村子通往打麦场的路。有一阵，桑桑怀疑这是杜小康在拿他开心。但想骑车的欲望支撑着他坐在了石磙上。

杜小康骑着车出现了。他迎着初升的太阳骑了过来。

桑桑觉得杜小康骑车的样子确实十分帅气。

杜小康将车交给了桑桑："你自己先蹬吧。"他爬到一个大草垛顶上，然后望着下面的桑桑，很耐心地指点着："身子靠住车杠，靠住车杠，别害怕，这样车子反而不会倒下……"

桑桑忽然觉得杜小康这人挺好的，一边答应着，一边照杜小康的指点，在场地上全神贯注地蹬着。

这真是练车的好地方，到处是草垛，桑桑稳不住车把了，那草垛仿佛有吸引力一般，将他吸引过去，他就会连车斜靠到它松软的身上。桑桑还可以绕着其中一个草垛练转圆圈，也可以在它们中间左拐弯右拐弯地练习灵活多变。桑桑居然可以不停顿地享有这辆自行车。**杜小康十分大方，毫不在乎桑桑已无数次地将他的自行车摔倒在地。桑桑深感过意不去，几次将车抚在手中，仰望着草垛顶上的杜小康。但杜小康却冲着他说："练车不能停下来！"**

当桑桑骑着车在草垛间很自由地滚动时，他确实有一种马上就要像他的鸽子飞入天空时的感觉。

在离开打麦场时，杜小康骑车，桑桑居然坐在了后座上。奇怪！他们俨然成了一对好朋友。

在后来的一段相当长的时间里，桑桑和杜小康都似乎是好朋友。其实，桑桑与杜小康有许多相似之处，有许多情投意合的地方。比如两人都善于奇思幻想，都胆大

心境转换之后，桑桑觉得杜小康样子帅气，人也挺好。

孩子们的感情，简单又纯粹，莫名的较劲与对峙，却又在一句问候、一次邀约间冰释前嫌。

杜小康有他的慷慨，许是由于天性，但不得不说，富裕的家庭滋养了他的大方，给了他十足的底气。

桑桑骑车的自由放松，就像鸽子飞入天空，这个比喻非常贴合桑桑的生活，亲切自然。

桑桑和杜小康的互相"看不惯"，其实也是因为彼此的相似，因为相似容易成为对手，但更容易成为好朋友。

妄为。

读五年级的那年秋天，杜小康又一次伤害了桑桑，并且是最严重的一次。但这一次似乎是无意的。

那天，桑桑与杜小康相约，在打麦场上练骑自行车的双手脱把，两人各花了一个多小时，竟然练成了。桑桑可以把双手插在腰间挺直了背骑，而杜小康则可以双臂互抱。昂着头骑。可直骑，可以草垛为中心绕着圆圈骑。**两人后来轮番表演，互相喝彩，把打麦场当成了一个竞技场，在一片瓦蓝如洗的秋空下，尽情施展自己的本领，达到了忘乎所以、飘飘欲仙的境地。**

后来，两人终于累了，就把车靠在草垛上，瘫坐在了草垛底下。

"我饿了。"桑桑说。

"我也饿了。"杜小康说。

而这时他们几乎是在同时，看到了不远处堆着的一堆红薯。

"烤红薯吃吧？"桑桑说。

"我身上正好有火柴。"

"我身上也有火柴。"

两人立即起来，各抱了一抱焦干的豆秸，将它们堆在一起，划了几根火柴，将它们点着了，然后，他们就把五六个红薯扔到了烧得越来越旺的火堆里。

豆秸燃烧起来，火力很大，数不清的大大小小的火舌，在淡淡的烟里跳动着，像一锅沸腾的水。火苗的跳动，以及火光照在脸上身上所带来的热烘烘的感觉，使桑桑和杜小康感到非常激动。**凡孩子都喜欢玩火，因为火使他们体验到一种惊险、险恶和随时都可能爆发出来的巨**

> ▶ 孩子们玩耍的投入与纯粹，的确可以忘记一切，轻松飘逸，觉得自己飘飞上升，像要超脱尘世而成仙。

> ▶ 将火舌跳动，比喻成一锅沸腾的水，或许是因为沸水和火同样令人不安，处在翻滚之中，充满危险。水火本是对立且不相容的，这个比喻新颖奇妙，充满了画面感。

因为年少单纯，孩子总是对未知充满好奇，而对灾难缺乏认知。这也回应了前文提到的两个人都"善于奇思幻想，都胆大妄为"。

作者对于火山的观察非常细致，层次鲜明，但美丽的背后暗伏危险。黑、红等浓重的色彩在一起，给人强烈的视觉刺激，也带来一种危机感。

火带给桑桑和杜小康极大的刺激。"小兽物的目光"雪亮雪亮的，表明此刻的桑桑和杜小康正在享受一种本能的快感，根本没有想到后果的严重性。

因为此刻燃烧的是豆秸，豆秸会发出爆裂声，一路烧过去，就有了一路劈劈啪啪。

大力量。桑桑和杜小康注定了比其他任何孩子还要更加喜欢玩火。桑桑和杜小康随身带着火柴就是一个小小的证明。

"抱豆秸去！"

"抱豆秸去！"

桑桑和杜小康不住地将堆在不远处的豆秸抱过来，扔在火堆上，越扔越高，渐渐地，他们的眼前，就有了一个小小的火山。**火山的最底部，是黑色，再往上，就是似乎凝固了的鲜红，再往上，就是活火，最顶端，就是红绸一样在风中飞舞的火舌。**

"火！"

"火！"

桑桑和杜小康不停地嘴里咬嚼着这个富有刺激性的字眼，仿佛在咬一枚鲜红的辣椒。他们还不停地吐着如火舌一样鲜红的舌头。火光里，两对目光，纯粹是一对小兽物的目光，雪亮雪亮的。他们紧紧地盯住魔幻般的火，仿佛眼珠儿马上就要跳到火里，然后与火舌共舞。

在火堆与豆秸堆之间，由于他们不住地抱豆秸又不住地一路撒落豆秸，此时，这段距离里，已有了一条用豆秸铺成的路。当几根豆秸发出爆裂声，然后蹦下一串火苗来，落在了豆秸路上时，豆秸路在桑桑与杜小康只顾望那堆大火时，已悄悄地烧着了。等桑桑和杜小康发现，火正顺着豆秸路，漫延过去。

桑桑与杜小康并未去踩灭火苗，而是丢下那堆火，来看新火了。他们觉得眼前的情景十分有趣。

火一路烧过去，留下一路劈劈啪啪犹如暴雨打在芭蕉叶上的声音。

桑桑和杜小康跟随着火，并为火鼓掌。

最激动人心的时刻出现了：打麦场有三分之一大的面积上，有一层薄薄的还未来得及收拢起来的稻草，就在麦秸路下，它们很快被染上了火，并迅捷向四下里蔓延。

看一星火，看一堆火与看一大片火，感觉可差多了。

现在，桑桑与杜小康的眼前是一大片火。他们有点心惊肉跳了。

火像玩着一场没有边沿的游戏，在向外扩张。

桑桑和杜小康终于在这场游戏面前害怕了。他们赶紧跑到火的边沿处，用脚用手，将地上的薄草划拉到一边，使地上出现了一条无草的小路。火在这条小路的上边无奈地扑腾了几下，终于慢慢地萎缩了下去。

桑桑和杜小康的眼前，是一片草灰。

一阵大风吹过来，打麦场上，马上草灰乱飘，仿佛天空忽然飘起黑色的雪。

桑桑和杜小康半闭着眼睛，赶紧逃离了黑雪飞舞的打麦场。

他们没有想，就在他们都已回到家中时，一团未灭的火被风吹过隔离的小道，落在了那边的薄草上。**这团火仿佛是一团小精灵，竟躲在草下埋伏了一会儿，才将薄草燃着……后来，火来到了一个草垛，把那个草垛点着了。**

接下来，有人发现了火，就大叫："救火啊——！"惊动了全村人，纷纷拿了盆桶之类的用具来打麦场上灭火。声势浩大，惊心动魄。火灭了，但那垛草却已完全烧掉。

接下来就是追查。

一个外地人那时正撑船从打麦场边的河里过，向油

桑桑和杜小康被兴奋冲昏头脑，还未意识到灾难的来临。

水火无情，一大片火终于让他们从兴奋转为恐惧。

见识到灾害的力量，两个孩子也才真正意识到自己犯下的错误，露出脆弱和恐惧。

草灰乱飘如黑色的雪，可见刚才火的火势剧烈，有很多灰烬。

作者把火比喻成小精灵，能够狡猾地进行埋伏，说明火实际上是充满危险和陷阱的。

麻地的人提供了一条线索：有两个孩子在打麦场上燃了一堆火。

地方上就让学校查。烧了一个大草垛，事情不小。油麻地小学立即笼上一片"事态严重"的气氛。蒋一轮对桑乔说："恐怕不会有人敢承认的。"桑乔说："那就一查到底！"

这里正准备实施包括"攻心战术"等诸如此类的方案时，杜小康却在全校大会上，走上了台子："你们不用再查了，火是我玩的。"杜小康一副平平常常的样子。

台下的孩子，顿时觉得杜小康是个英雄，是个好汉，差一点没为他鼓掌。

即使老师，望着面不改色的杜小康，也为之一振：这是一个什么样的孩子呀！

杜小康在众人注视之下，走下台去了。

大红门滋长并支撑起了杜小康敢做敢当的傲慢。正是这一十足的傲慢，使桑桑在与他的对比之下，成了一个丑陋的懦夫，一个被人小看的胆小鬼。

散会后，蒋一轮找到杜小康："那么，还有一个是谁？"

杜小康说："我只说我玩了火。"怎么也不说出桑桑来。

但，不用杜小康说，老师们从桑桑在杜小康走上台勇敢承认他是玩火者的那一刻，桑桑所呈现出的一副慌张的样子，就已经猜到了另一个玩火者是谁。桑桑周围的孩子也都看出来了。当即，他们就用疑惑的目光去看桑桑了。

晚上，桑桑在桑乔的严厉追问下，才不得不承认他也是玩火者。

在孩子眼中，犯错之后，敢作敢当就是英雄好汉。同时，老师也为杜小康的坦荡震惊。

从小优越，被爱滋养的杜小康可能并没有觉得放火烧了草垛这件事情特别严重，桑桑底气没有那么足，害怕惩罚，害怕承担放火的责任，便显得畏缩了许多。

或许桑乔的严厉，也是桑桑没有那么坦荡的原因之一，当然千人千面，每个孩子都有独特的个性。

可是，已经迟了。桑桑看到，当孩子们在用钦佩甚至崇拜的目光去看杜小康之后，都在用蔑视甚至是鄙夷的目光看着他。

那天傍晚，桑桑背着书包回家时，偶尔看到了纸月正站在花园里。他竟无缘无故地从纸月的眼睛里听到了叹息，就把头一直低着往家走。

桑桑绝不肯原谅杜小康。因为杜小康使他感到了让他无法抬头的卑微。

▶ 杜小康出于仗义的掩护，却被桑桑"嫉恨"。桑桑不肯原谅杜小康，是因为杜小康的坦荡无畏，衬托得自己卑微怯懦。

五

冬天，连刮了三天的西北风，渐渐停息下来，大河里立即结了冰，并且越来越厚实。鸭们没有了水面，就到处寻找。它们在冰上走不太稳，常常滑倒，样子很可笑。所有的船都被冻住了，仿佛永生永世，再也不能行驶。**岸边，一时还未来得及完全褪去绿色的柳枝，也被突然地冻住，像涂了蜡，绿得油汪汪的。但一根根都被冻得硬如铁丝，仿佛互相一碰击，就能碰碎。**

▶ 因为连刮三天西北风，气温急速降低，绿得油汪汪的柳枝坚硬如铁丝，是冬天里的罕见景致。

村里的孩子上学，再也不用绕道从大桥上走，都直接从冰上走过来。

这天下午，桑桑借上课前的空隙，正独自一人在冰上玩耍，忽然听到村子里有吵嚷声，就爬上了岸，循声走去。他很快看到了杜小康家的红门。吵嚷声就是从红门里发出的。红门外站了很多人，一边听里面吵架，一边小声地议论。

　　桑桑从人群中挤过去，在靠近红门的地方站住，悄悄向里张望着。

　　是后庄的朱一世在与杜雍和吵架。

　　朱一世一手举着一只酱油瓶，一手指着杜雍和："杜雍和，你听着！你往酱油里掺水，已经不是一天两天的了！"

　　杜雍和高朱一世两头，不在乎朱一世："姓朱的，你再胡说八道，我就扇你的耳光！"

　　朱一世矮小瘦弱，但朱一世是这地方上的"名人"，是最难缠的一个人。朱一世谁也不怕，怕你杜雍和？他把脸贴过去，冲着杜雍和扬在空中的巴掌："你扇！你扇！你有种就扇！"

　　杜雍和当然不能扇，用手推了他一把："好好好，我认识你朱大爷了！请你出去，总行吧？"

　　"不行！"朱一世将酱油瓶往身后一放，朝杜雍和半眯着眼睛，"让我出去？想得倒容易！"他转过身，朝门口走来，对门外的人说，"大家来看看这酱油，还有一点酱油色吗？"他把瓶子举起来，放在阳光下，"你们看看，看看！我前天感冒，撒的一泡尿，色都比这酱油色重！"

　　有几个人笑起来。

　　朱一世说："你们还笑，你们谁家没有用过这种酱油？谁家没用过的？举起手来让我看看！"

　　刚才笑的人就都不笑了，觉得自己笑得没有立场。

　　朱一世一脚门里，一脚门外："你们尝尝。这还算是酱油吗？"他把酱油瓶歪斜下来，"没关系，蘸点尝尝，

因为玩火事件，桑桑对杜小康心怀不满，对红门的事情格外关注。

杜雍和原先根本不将朱一世放在眼里，但是没想到他如此难缠。朱一世将脸贴向对方扬起的巴掌，显然是不惧恐吓，要把事情闹大。

朱一世非常善于动员，凝聚围观群众的力量，唤醒人内心对杜家的不满。

我是付了钱的。"

就有十几根长短不一、粗细不一、颜色不一的手指伸了出去蘸了酱油，然后在嘴里唧了一下，发出一片唧声，接着就是一片品尝的咂吧声，像夏日凌晨时的鱼塘里，一群鱼浮到水面上来圆着嘴吸气时发出的声音。

"是不是酱油，还用那么去咂吧？"朱一世对那些品尝了那么长时间还没品尝出味道来的人，有点不耐烦了，提着酱油瓶，重新回到院子里，冲着杜雍和，"姓杜的，你说怎么办吧？"

杜雍和显然不愿扩大事态，说："我说了，我认识你了！我给你重装一瓶，行了吧？"

朱一世一笑："杜雍和，你敢给我新装一瓶？你真敢？"

杜雍和："当然敢！"

朱一世将酱油瓶瓶口朝下，将里面的酱油咕嘟咕嘟地全倒了，然后将空瓶递给杜雍和："好，你去重装一瓶！"

杜雍和提着酱油瓶进屋去了。

朱一世朝门外的人说："大伙过一会儿就看到了，那只不过还是一瓶掺了水的酱油，他们家的酱油缸里装的就是掺了水的酱油！"

杜雍和迟迟不肯出来，仿佛不是去重装一瓶酱油，而是去从种黄豆开始，然后做出一瓶新的酱油。

"我说杜雍和，你们家酱油缸里是不是没有酱油了？"朱一世朝屋里大声说。

杜雍和只好提着新装了酱油的瓶子走出来。

朱一世接过酱油瓶，再次走到门口，然后把酱油瓶

作者将目光聚焦在一点——人们伸出去的手指头，细致描写手指头的不同，接下来的动作，发出的声音，细节描写非常精准。

杜雍和不愿意将事态扩大，愿意重装一瓶，但是朱一世似乎有备而来，继续刺激杜雍和。

朱一世继续揭穿杜雍和，他不是在某一瓶酱油掺水，而是整缸全部掺水，杜雍和迟迟不肯出来，似乎印证了他的确在"捣鬼"。

又举到阳光下照着："大伙看看，啊，看看是不是跟刚才一色？"

有人小声说："一色。"

朱一世提着酱油瓶走到杜雍和跟前，突然将瓶猛地砸在砖地上："你在耍老子呢！"

杜雍和也被逼得急眼了："耍你了，怎么样？"

朱一世跳了起来，一把就揪住了杜雍和的衣领。

门外的人就说："掺了水，还不赔礼！""何止是酱油掺了水，酒、醋都掺水！"

杜雍和与朱一世就在院里纠缠着，没有一个人上去劝架。

这时，桑桑钻出人群，急忙从冰上连滑带跑地回到了教室，大声说："你们快去看呀，大红门里打架啦！"

听说是打架，又想到从冰上过去也就几步远，一屋子人，一会儿工夫就都跑出了教室。

上课的预备铃响了，孩子们才陆陆续续跑回来。桑桑坐在那儿，就听见耳边说："杜小康家的酱油掺水了！""杜小康家的酒也掺水了！""杜小康家的醋也掺水了！"⋯⋯桑桑回头瞟了一眼杜小康，只见杜小康趴在窗台上，只有个屁股和后身。

这事就发生在班上要重新选举班干部前夕。

正式选举之前，有一次预选。预选前一天，有一张神秘的小纸片，在同学中间一个递给一个地传递着。**那上面写了一行鬼鬼祟祟的字：我们不要杜小康当班长！**

预选的结果是：一直当班长的杜小康落选了。

这天，桑桑心情好，给他的鸽子们撒了一遍又一遍的食，以至于鸽子们没有一只再飞出去打野食。

桑桑回到教室喊人，是想让同学都知道杜小康家的事情，想让杜小康出丑，发泄自己心中的不满。

孩子们总是容易被鼓动，对杜家的事情议论纷纷，但是作者始终没有直接去断定是非，而是将评判的权力交给了读者。

"鬼鬼祟祟"四个字透露出作者的倾向，他对这种传纸片的方式并不赞成，觉得不够光明正大。

正式选举没有如期进行，因为蒋一轮必须集中精力去对付春节前的全校文娱比赛。这种比赛每年进行。**桑乔很精明。他要通过比赛，发现好的节目和表演人才，然后抽调到学校，再经他加工，去对付全乡的文艺汇演。弄好了，其中一些节目，还有可能代表乡里去参加全县的文艺会演。**因为设立了比赛的机制，各个班都面临着一个面子的问题，不得不暗暗较劲。桑乔看到各班都互相盯着、比着，都是一副很有心计的样子，心中暗暗高兴。

通过比赛，进行选拔，让优秀的节目走出学校，参加全乡，甚至全县会演，为学校争光，桑乔的确精明。

蒋一轮有个同学在县城中学教书。一天，蒋一轮进城去购书，去看同学，恰逢那个同学正在指挥班上的女孩子排练表演唱《手拿碟儿敲起来》。同学见他来了，握握手，说："等我排练完这个节目。"蒋一轮说："我也看看。"就在一张椅子上坐下了。二十几个女孩子，穿一色衣服，衬着一个穿了更鲜亮衣服的女孩子，各人左手拿了一只好看的小碟子，右手拿了一根深红色的漆筷，有节奏地敲着，做着好看的动作，唱着"手拿碟儿敲起来……"在台上来回走着。**一片碟子声，犹如一片清雨落进一汪碧水，好听得很。那碟子忽上忽下，忽左忽右，忽聚拢忽散开，声音竟变化万端，就像那片清雨是受着风的影响似的，风大风小，风急风徐，那片清雨落进碧水中的声音就大不一样。**同学看了一眼蒋一轮，意思是：你觉得如何？蒋一轮朝他点头，意思是：好！好！好得很！排练完了，同学和蒋一轮往宿舍走，一路走，一路说这个节目："我是从《洪湖赤卫队》里化过来的，但我这个节目比它里头的那个场景耐看。你知道怎就耐看？"蒋一轮感觉到了，但无奈没有语言。同学说："我量大。我二十八个学生，加上衬着的一个，共二十九人。一片碟子声敲起来，能把

用清雨落进碧水，比喻碟子声音的清亮悦耳，同时以风吹雨进一步描述碟子声音的变化万端，充分显示出这一节目的迷人。

人心敲得颤起来，加上那么哀切切地一唱，能把人心敲碎。二十九个人，做一色动作，只要齐整，不好看也得好看。"蒋一轮说："我知道了。"

现在，蒋一轮日夜就想那个二十九个女孩一台敲碟子的情景，觉得他的班，若也能来它这么一下，即使其他节目一个也没有，就它一个，就足以让人望尘莫及。他算了一下，这个班共有三十三名女生，除去一个过于胖的，一个过于瘦的，一个过于矮小的，还剩三十个，个个长得不错。**蒋一轮脑子里就有了一个舞台，这个舞台上站着的，就是他的三十个呱呱叫的女孩儿。蒋一轮甚至看到了台下那些叹服并带了几丝嫉妒的目光。**但当蒋一轮回到现实里来时，就丧气了。首先，他得有三十只一样精巧好看的碟子，三十根漆得油亮亮的筷子，另外，三十个女孩还得扎一样的红头绳，插一样的白绒花。这要花一笔钱的。**学校不肯拿一分钱，而班上也无一分钱。他想自己掏钱，可他又是一个穷教书的，一个月拿不了几个钱。**他去食堂看了看，食堂里碟子倒有二十几个，但大的大，小的小，厚的厚，薄的薄，白的白，花的花，还有不少是裂缝豁口的。筷子一律是发乌的竹筷子。那样的竹筷子，不需多，只一根上了台面，节目全完。**他发动全班的孩子带碟子筷子，结果一大堆碟子里，一色的碟子凑起来不足十只，一色的漆筷，凑起来不足十根，油麻地是个穷地方，没办法满足蒋一轮的美学欲望。**至于三十个女孩的红头绳、白绒花，那多少得算作是天堂景色了。蒋一轮仿佛看到了一片美景，激动得出汗，但冷静一看，只是个幻景，就在心里难受。

蒋一轮就想起了杜小康。他把杜小康叫到办公室，

还没有排练，在想象中，蒋一轮已经预先看到了自己节目的成功，可见蒋一轮的志在必得。

现实似乎没有想象那么圆满，有好的节目，但是没有经费支持，也只能是空中楼阁。

食堂的碟子筷子不好看，蒋一轮决定发动集体的力量，但是油麻地太穷了，美学理想成为奢望。

问："你家卖碟子吗？"

"卖。"

"多吗？"

"一筐。"

"你家卖漆筷吗？"

"卖。"

"有多少？"

"一捆。"

"你家卖红头绳吗？"

"卖。"

"多吗？"

"快过年了，多。"

"你家卖白绒花吗？"

"卖。是为明年清明准备的，扫墓时，好多妇女要戴。"

"可借出来临时用一下吗？各样东西三十份。"

杜小康摇了摇头："不行。"

"为什么不行？"

"被人用过了的东西，你还能要吗？"

"以前，你不也把要卖的东西拿出来用过吗？"

杜小康朝蒋一轮翻了一个白眼，心里说：以前，我是班长，而现在我不是班长了。

"你回去，跟你父亲说一说。"

"说了也没用。"

"帮个忙。就算是你给班上做了一件大好事。"

杜小康说："我凭什么给班上做好事？"

"杜小康，你这是什么意思？"

蒋一轮和杜小康的对话非常有趣，一个直奔主题，一个全盘托出，简洁明了，每一个肯定的答案都让蒋一轮觉得离自己心中的美景近了一步。

相似的提问，相似的答案，貌似重复的问答，别有一种简洁与风趣。

"不行"两个字惊醒了蒋一轮的美梦，杜小康不说自己家没有，而是有却不能借，让蒋一轮很是困惑。

"凭什么"三个字写出了杜小康对自己落选班长的怨气。

"我没有意思。"

"噢，大家不选你当班长了，你就不愿为班上做事了？"

"不是大家不选我，是有人在下面传纸条，让大家不选我。"

"谁？"

"我不知道。"

"这事再说。现在你给我一句话，帮不帮这个忙？"

"我要知道，谁传这个纸条的！"

蒋一轮心里很生气：这个杜小康，想跟老师做交易，太不像话！但现在压倒一切的是上那个《手拿碟儿敲起来》的节目。他说："杜小康，你小小年纪，就学得这样！这事我当然要查，但与你帮忙不帮忙无关。"

杜小康低头不语。

"你走吧。"

"什么时候要那些东西？"

"过两天就要。"

杜小康走了。

过了两天，杜小康拿来了蒋一轮想要的全部东西：三十只清一色的小碟，三十根深红色的漆筷，三十根红头绳，三十朵白绒花。

蒋一轮不声张，将这些东西全都锁在房间，直到正式演出时，才拿出来。那天晚上，天气十分晴朗，风无一丝，只有一弯清秀的月牙，斜挂在冬季青蓝的天上。

虽是各班表演，但油麻地小学的土台上一如往日学校或地方文艺宣传演出的规格，有幕布，有灯光。当《手拿碟儿敲起来》一亮相，蒋一轮自己都想鼓掌了。先是

旁注：

成人有时候有点儿后知后觉，不过可能蒋一轮心里也是明白的，不过不想一下子点破杜小康的心思。杜小康在意的也不仅仅是自己落选，而是有人玩手段导致自己落选。

被蒋一轮批评后，杜小康似乎也有所醒悟，"低头不语"四个字用动作表达了他的内心活动，但作者并未展开大量的心理描写，因为后面的行动是最好的证明。

作者用"清秀"形容月牙，透露出他对美好月色的欣赏，也与下面表演的节目相呼应。

二十九个小女孩敲着碟子，走着台步上了台。**当众人以为就是这二十九个女孩儿时，只见二十九个小女孩儿一律将目光极具传神地转到一侧，随即，一个打扮得与众不同，但又与众十分和谐的女孩儿，独自敲着碟儿走上台来。这个女孩儿是纸月。**对纸月的评价，桑乔的话是："这小姑娘其实不用演，只往那儿一站就行。"这个节目，并未照搬，蒋一轮根据自己的趣味，稍稍作了改造。蒋一轮在下边看，只觉得这个节目由乡下的小女孩儿表演，比由城里小女孩儿来演，更有味道。

桑乔坐在下面看，在心里认定了：这个节目可拿到镇上去演。他觉得，这个节目里头最让人心动的是三十个女孩儿都一律转过身去，只将后背留给人。三十根小辫，一律扎了鲜亮的红头绳，一律插了白绒花。**白绒花插得好，远远地看，觉得那黑辫上停了一只颤颤抖抖欲飞未飞的白蛾子。这一朵朵白绒花，把月色凄清、卖唱姑娘的一片清冷、哀伤、不肯屈服的情绪烘托出来了。**若换了其他颜色的绒花，效果就不会这样好。桑乔觉得蒋一轮水平不一般。其实，蒋一轮只是记住了他同学的一句话："这节目，全在那一支白绒花上。"蒋一轮的同学，读书时就是一个很有情调的人。

演出结束后，当桑乔问起那些碟子、筷子、红头绳、白绒花从何而来蒋一轮告诉他是杜小康暂且挪用了他父亲的杂货铺里的东西时，桑乔说了一句："你这个班，还真离不开杜小康。"

蒋一轮觉得也是，于是，一边在查那个鼓动同学放弃杜小康的纸条为谁所为，一边就在班上大讲特讲杜小康对班上的贡献。**孩子们突然发现，被他们一次又一次分享**

▶ 这种手法叫"烘云托月"，通过二十九个女孩儿的目光转移，主角纸月上场，更具艺术效果。

▶ 将白绒花比喻成白蛾子，绒花就更具有动感，被赋予了生命力，能够更好地表情达意。

▶ 孩子们心思活泛，容易被鼓动，也容易被说服，不过杜小康为班级作贡献也是事实。

了的荣誉，竟有许多是因为杜小康才得到的，不禁懊悔起来：怎能不投杜小康一票呢？就觉得自己是世界上最没有心肝的大坏蛋。

正式选举揭晓了：杜小康还是班长。

就在当天，桑桑看到，一直被人称之为是他的影子的阿恕，竟屁颠屁颠地跟在杜小康的后头，到打麦场上去学骑自行车了。

两天后，桑桑被父亲叫到了院子里，还未等他明白父亲要对他干什么，屁股就已经被狠狠踹了一脚。**他跌趴在地上，父亲又踢了他一脚："你好有出息！小肚鸡肠、胸无大志，还能搞阴谋诡计！"作为校长，桑乔觉得儿子给他丢脸了，心里异常恼火。**

桑乔校长最恼怒的还是桑桑传纸条，鼓动大家不选杜小康的行为。桑桑这样做不够光明磊落。

桑桑趴在地上，泪眼朦胧里就出现了阿恕。他骂道："一个可耻的叛徒！"

母亲站在门槛上也喊打得好，并"没有立场"地帮杜小康讲话："杜小康这孩子，可知道为你爸学校出力了。"

杜小康欺负桑桑了吗？为什么桑桑觉得自己被欺负了？

桑桑咧着嘴，大声叫着："他欺负人！欺负人！"

六

五年级第一学期刚下来三分之一，时值深秋，油麻地小学的所有草房子的屋檐口，都插上了秦大奶奶割下的艾。插这些艾的时候，同时还混插了一株菖蒲。**艾与菖蒲的气**

味混合在一起，发出了一种让孩子们一辈子都会记住的气味。上课时，这种气味，就会随风飘入室内。树前的大河，因两岸的稻地都在放水干田以便收获，河水一下涨满了，从稻田里流入大河的棕色浮萍，就随着浩浩荡荡的河水，日夜不息地向西漂流。两岸的芦花，在秋风中摇曳，把秋意刻上人的心头。

就在这个季节里，杜小康突然终止了学业。

蒸蒸日上的红门人家，竟在一天早上，忽然一落千丈，跌落到了另一番境地里。

一心想发大财的杜雍和用几代人积累下的财富购买了一条运货的大船，用这些年赚得的一大笔钱，又从别人那里贷了一笔款，去城里买下了一大船既便宜又好的货，打算放在家中，慢慢地卖出去，赚出一笔更大的钱来。这天，装满货物的大船行在了回油麻地的路上。杜雍和一心想着早点赶回油麻地，便扯足了风帆。大船就在开阔的水面上，微斜了身子，将水一劈两半，船头迎着风浪一起一伏，直向前去。杜雍和掌着舵，看着一群水鸟被大船惊起，飞上了天空，心里有说不出的快意。他一边掌舵，一边弯下腰去，顺手从筐里拿了一小瓶烧酒，用牙将瓶盖扳掉了，不一会儿工夫，就把瓶中的酒喝了一个精光。他把空酒瓶扔到了水中，然后很有兴致地看着它在船后的浪花里一闪一闪地消失了。他开始感到浑身发热，就把衣服解开，让凉风吹拂着胸脯。**杜雍和忽然想到了他这一辈子的艰辛和这一辈子的得意，趁着酒劲，让自己沉浸在一番辛酸和快乐相融的感觉里，不禁流出了泪水。**

后来就有了醉意，眼前一切虚幻不定，水天一色，水

味道会给孩子的身体留下记忆，这种记忆显然更持久。

"一天早上"，"一落千丈"写出了变化之剧烈。

杜雍和沉浸在自我感动之中，对于变故缺乏足够的警醒。

杜雍和喝醉了，这段如梦似幻的描写隐藏着危机，像是暴风雨前的宁静。

天难分，船仿佛行在梦里。

前面是一个大河湾。杜雍和是听见了河湾那边传来一阵汽笛声的，也想到了前面可能来了大船，必须将帆落下来慢行，然而却迷迷糊糊地做不出一个清醒的判断来，更无法做出敏捷的动作来。大船仍然勇往直前。杜雍和突然看到了一个庞然大物堵住了他的视线，吓出一身冷汗来。他猛然惊醒，但已迟了：他的大木船撞在了一个拖了七八条大铁船的大拖船上。未等他反应过来，就觉得船猛烈一震，他被震落到水中。等他从水中钻出，他的大木船以及那一船货物，都正在急速沉入水中。他爬到还未完全沉没的船上大声喊叫，但没有喊叫几声，水就淹到了他的

"万丈深渊"的比喻，写出了杜雍和此刻的绝望与惊恐，但作者并无意铺陈这一场景的残酷，省略号的使用留下空白，也留下余地。

脖子。**脚下忽然没有了依托，他犹如在梦中掉进了万丈深渊，在又一声惊叫之后，他也沉入了水中……**

拖船上的人纷纷跳水，把他救到岸上。他醒来后，双目发直，并且两腿发软，无法站立起来。

此处省略号的使用表示列举的省略，突出损失的惨重。

人家帮他打捞了一番，但几乎什么也没有捞上来：盐化了，只剩下麻袋；纸烂了，已成纸浆；十几箱糖块已粘成一团……

大红门里，那些房子真正成了空壳儿。

不久，杜小康的自行车被卖掉了。因为还欠着人家的钱。

不久，杜小康就不来上学了。因为杜雍和躺在床上，一直未能站起来。家中必须挤出钱来为他治病，就再也无法让杜小康上学了。

桑桑那天到河边上帮母亲洗菜，见到了杜小康。杜小康撑了一只小木船，船舱里的草席上，躺着清瘦的杜雍和。杜小康大概是到什么地方给他的父亲治病去。杜小康

本来就高，现在显得更高。**但，杜小康还是一副干干净净的样子。**

桑桑朝杜小康摇了摇手。

杜小康也朝桑桑摇了摇手……

"空壳儿"说明经此变故，杜家的财产被变卖一空。

讨 论

▼

〉 1 〈

为什么杜小康往油麻地孩子群里一站，就能很清楚地与油麻地的孩子们区别开来？

杜小康家境优越，家底厚实，杜小康个头长得高，比同龄的孩子高出一头多，但并不胖，脸色红润，很健康，是一个女孩子的脸色。杜小康生在长在油麻地，但杜小康是油麻地的一个例外。油麻地一般人家的小孩，一年四季，实际上只勉强有两季的衣服：一套单衣，一套棉衣。杜小康却有一年四季的衣服。大约是在杜小康上四年级时，他变得更加与众不同了。因为，他有了一辆自行车。杜小康的成绩还特别好，除了纸月可以跟他比，谁也比不过他。因此，杜小康一直当班长。

〉 2 〈

什么时候桑桑和杜小康成了好朋友？

桑桑对自行车有一种无法解释的迷恋。一个星期六的傍晚，杜小康发出一起骑车的邀请。练车时，杜小康十分大方，毫不在乎桑桑已无数次地将他的自行车摔倒在地。桑桑深感过意不去，几次将车抚在手中，仰望着草垛顶上的杜小康。但杜小康却冲着他说："练车不能停下来！"在离开打麦场时，杜小康骑车，桑桑居然坐在了后座上。他们俨然成了一对好朋友。在后来的一段相当长的时间里，桑桑和杜小康都似乎是好朋友。其实，桑桑与杜小康有许多相似之处，有许多情投意合的地方。比如两人都善于奇思幻想，都胆大妄为。

〉 3 〈

为什么深秋时杜小康突然终止了学业？

杜雍和孤注一掷，想发一笔大财，但因喝酒误撞大船，所有财富毁于一旦。大红门里，那些房子真正成了空壳儿；不久，杜小康的自行车被卖掉了，因为还欠着人家的钱；不久，杜小康就不来上学了。因为杜雍和躺在床上，一直未能站起来。家中必须挤出钱来为他治病，就再也无法让杜小康上学了。

第四章

细 马

▼

导 读:

1. 为什么细马在离开的路上又决定回来?

2. 邱二妈对细马的态度经历了怎样的变化?

3. 细细品读本章中"细马似乎很喜欢这儿的天地……就用竹片往洞的深处挖……"这一段的风景描写。思考一下风景描写的作用是什么?

一

牙行是指旧时在市场上为买卖双方说合、介绍交易，并从中抽取佣金的商行或中间商人，类似于今天的中介或者经纪人。

因为邱二爷专业、可靠，而且为人厚道，为买卖双方负责，所以邱二爷有不错的收入。

邱二爷家独自住在一处，离桑桑家倒不算很远。

邱家早先开牙行，也是个家底厚实的人家。后来牙行不开了，但邱二爷仍然做捎客，到集市上介绍牛的买卖。姓王的要买姓李的牛，买的一方吃不准那头牛的脾性，不知道那牛有无暗病，这时，就需要有一个懂行的中间人作保，而卖的一方，总想卖出一个好价钱，需要一个懂行的中间人来帮助他点明他家这头牛的种种好处，让对方识货。邱二爷这个人很可靠。他看牛，也就是看牛，绝不动手看牙口，或拍胯骨，看了，就知道这头牛在什么样的档次上。卖的，买的，只要是邱二爷做介绍人，就都觉得这买卖公平。**邱二爷人又厚道，不像一些捎客为一己利益而尽靠嘴皮子去鼓动人卖，或鼓动人买。他只说："你花这么多钱买这头牛，合适。"或说："你的这头牛卖这么多钱，合适。"卖的，买的，都知道邱二爷对他负责。因此，邱二爷的生意很好，拿的佣金也多。**

邱二妈是油麻地有名的俏二妈。油麻地的人们都说，邱二妈嫁到油麻地时，是当时最美的女子。邱二妈现在虽然是五十多岁的人了，但依旧还是很有光彩的。邱二妈一年四季，总是一尘不染的样子。邱二妈的头发天天都梳得很认真，搽了油，太阳一照，发亮。髻盘得很讲究，仿佛是盘了几天才盘成的。髻上套了黑网，插一根镶了玉的簪子。那玉很润，很亮。

邱二爷与邱二妈建了一个很好的家：**好房子，好庭院，好家什。**

但这个家却有一个极大的缺憾：没有孩子。

这个缺憾对于邱二爷与邱二妈，是刻骨铭心的。他们该做的都做了，但最终还是未能有一个孩子。当他们终于不再抱希望时，就常常会在半夜里醒来，然后，就在一种寂寞里，一种对未来茫然无底的恐慌里，一种与人丁兴旺的人家相比之后而感到的自卑里，栖栖惶惶地等到天亮。望着好房子，好庭院，好家什，他们更感到这一切实在没有多大意思。

初时，邱二妈在想孩子而没有孩子，再见到别人家的孩子时，竟克制不住地表示她的喜欢。她总是把这些孩子叫回家中，给他们花生吃或红枣、柿饼吃。如果是还在母亲怀抱中的孩子，她就会对那孩子的母亲说："让我抱抱。"抱了，就不怎么肯放下来。但到了她终于明白了她是绝对不可能再有孩子时，她忽然地对孩子淡漠了。她嫌孩子太闹，嫌孩子弄乱了她屋子里的东西。因此，有孩子的人家就提醒自己的孩子："别去邱二妈家。邱二妈不喜欢孩子进她家里。"

当他们忽然在一天早上感到自己已经老了，身边马上就需要有一个年轻的生命时，他们预感到了，一种悲哀正在向他们一步一步地走来。他们几乎已经望见了一个凄凉的老年。

> "好房子，好庭院，好家什"，排比句的使用条分缕析，表明邱家很好，使得转折之后的"缺憾"更为鲜明。

> 写邱二妈对孩子态度的变化，一开始充满渴望，对孩子克制不住地喜欢，彻底绝望后，忽然对孩子变得淡漠，掩饰自己的伤心与遗憾，可见邱二妈自尊要强的个性。

> 对衰老的恐惧，对凄凉晚景的恐惧，使得他们更加渴望一个孩子，希望年轻的生命能够照顾他们，抚慰他们，这是传统文化中"养儿防老"的心理基础。

他们想起了生活在江南一个小镇上的邱二爷的大哥：他竟有四个儿子。

于是，邱二爷带着他与邱二妈商量了几宵之后而确立的一个意图——从邱大家过继来一个儿子——出发了。

仅隔十天，邱二爷就回到了油麻地。他带回了本章的主人公，一个叫细马的男孩。

这是邱大最小的儿子，一个长得很精神的男孩，大额头，双眼微眍，眼珠微黄，但亮得出奇，两颗门牙略大，预示着长大了，是一个有大力气的男人。

然而，邱二妈在见到细马之后仅仅十分钟，就忽然从单纯地观看一个男孩的喜欢里走了出来，换了一副冷冰冰的脸色。

邱二爷知道邱二妈为什么抖落出这副脸色。他在邱二妈走出屋子，走到厨房后不久，也走到了厨房里。

邱二妈在刷锅，不吭声。

邱二爷说："老大只同意我把最小的这一个带回来。"

邱二妈把舀水的瓢扔到了水缸里："等把他养大了，我们骨头早变成灰了。"

邱二爷坐在凳子上，双手抱着头。

邱二妈说："他倒会盘算。大的留着，大的有用了。把小的给了人，小的还得花钱养活他。我们把他养大，然后再把这份家产都留给他。我们又图个什么？你大哥也真会拿主意！"

"那怎么办？人都已被我领回来了。"

"让他玩几天，把他再送回去。"

"说得容易，我把他的户口都迁出来了，在我口袋

旁注：

细马的形象，长得精神，长大之后会有大力气。

邱二妈为什么从喜欢转为冷冰冰的脸色？

邱二妈觉得邱大很会算计，自己要养大细马，还要把家产留给他，过于吃亏。

里呢。"

邱二妈刷着锅，刷着刷着哭了。

这时细马站在了厨房门口，用一口邱二爷和邱二妈都不太听得懂的江南口音问："院子里是一棵什么树？"

邱二爷去看邱大，去过江南好几回，勉强听得懂江南话，说："乌桕。"

"上面是一个鸟窝吗？"

"是个鸟窝。"

"什么鸟的窝？"

"喜鹊。"

"树上没有喜鹊。"

"它们飞出去了。"

细马就仰头望天空。天空没有喜鹊，只有鸽子。他一边望，一边问："谁家的鸽子？"

"桑桑家的。"

"桑桑是个大人吗？"

"跟你差不多大。"

"他家远吗？"

"前面有座桥，在桥那边。"

"我去找他玩。"

邱二爷刚要阻止，细马已经跑出了院子。

桑桑见到了细马。起初细马很有说话的欲望，但当他发现他的话很难让桑桑听得懂之后，就不吭声了，很陌生地站在一旁看着桑桑喂鸽子。

细马走后，桑桑对母亲说："他是一个江南小蛮子。"

邱二爷领着细马来找桑乔，说细马转学的事。桑乔

▶ 没有亲生孩子，是邱二妈的遗憾，想到自己一生操劳，到最后不知道"为谁辛苦为谁甜"，邱二妈觉得很凄凉。

▶ 细马来到陌生的新家，操着陌生的口音，对于邱二爷邱二妈也不熟悉，但依然挡不住他对树和鸟窝的兴致，这还是孩子心性。

▶ 细马得知有同龄的小孩子，立刻就想和桑桑一起玩耍，可见他骨子里充满热情。

▶ 语言不通给细马交友的热情泼了一盆冷水，他的沉默不吭声中有着心酸和无奈，这是来到油麻地的第一个考验。

问："读几年级？"

邱二爷说："该读四年级了，跟桑桑一样。"

桑乔说："你去找蒋一轮老师，就说我同意了。"

**蒋一轮要摸底，出了几张卷子让细马做。卷子放在蒋
一轮的办公桌上，细马坐在蒋一轮坐的椅子上，瞪着眼睛
把卷子看了半天，才开始答。答一阵，又停住了，挖一挖
鼻孔，或摸一摸耳朵，一副很无奈的样子。**蒋一轮收了卷
子，看了看，对桑乔说："细马最多只能读三年级。"

邱二妈来到桑桑家，对桑乔说："还是让他读四年
级吧。"

桑乔说："怕跟不上。"

邱二妈说："我看他也不是个读书的料，就这么跟着
混混拉倒了。"

桑乔苦笑了一下："我再跟蒋老师说说。"

细马就成了桑桑的同学。

细马被蒋一轮带到班上时，孩子都用一种新鲜、但
又怪异的目光去看他。因为他是从遥远的地方来的一个小
蛮子。

细马和秃鹤合用一张课桌。

细马看了看秃鹤的头，笑了，露着几颗大门牙。

秃鹤低声道："小蛮子！"

**细马听不懂，望望他，望望你，意思是说：这个秃子
在说什么？**

孩子们就笑了起来。

**细马不知道孩子们在笑什么，觉得自己似乎也该跟着
笑，就和孩子们一起笑。**

孩子们便大笑。

秃鹤又说了一句:"小蛮子!"

细马依然不知道秃鹤在说什么。

孩子们就一起小声叫了起来:"小蛮子!"

细马不知为何竟也学着说了一句:"小蛮子。"

孩子们立即笑得东倒西歪。桑桑笑得屁股离开了凳子,凳子失去平衡,一头翘了起来,将坐在板凳那头的一个孩子掀倒在地上。那孩子跌了一脸的灰,心里想恼,但这时一直在擦黑板的蒋一轮转过身来:"笑什么?安静!上课啦!"

笑声这才渐渐平息下来。

课上了一阵,一直对细马的学习程度表示疑虑的蒋一轮打算再试一试细马,就让他站起来读课文。蒋一轮连说了三遍,这才使细马听明白了老师是在让他念那篇课文。他吭哧了半天,把书捧起来,突然用很大的声音开始朗读。他的口音,与油麻地的口音实在相差太远了,油麻地的孩子们连一句都听不懂,只剩得一个叽里呱啦。

蒋一轮也几乎一句未能听懂。他企图想听懂,神情显得非常专注。但无济于事。听到后来,他先是觉得好笑,再接着就是有点烦了。

细马直读得额上暴着青筋,脖子上的青筋更像吹足了气一样鼓了出来,满脸通红,并且一鼻头汗珠。

蒋一轮想摆手让他停下,可见他读得很卖力,又不忍让他停下。

孩子们就在下面笑,并且有人在不知何意的情况下,偶尔学着细马说一句,逗得大家大笑,转眼见到蒋一轮一脸不悦,才把笑声吞回肚里。

蒋一轮虽然听不懂,但蒋一轮能从细马的停顿、吭哧

此刻的细马并没有察觉到孩子们的嘲弄,学舌的后果引发哄堂大笑。

细马读课文的卖力和吃力,此刻的他依然是想好好表现,赢得大家认可的。

以及重复中听出，细马读这篇课文，是非常吃力的。

孩子们在下面不是偷偷地笑，就是交头接耳地说话，课堂一片乱糟糟的。

蒋一轮终于摆了摆手，让细马停下，不要再读下去了。

细马从蒋一轮脸上，明确地看到了失望。他不知想表达一个什么意思，反复地向蒋一轮重复着一句话。蒋一轮无法听懂，摇了一阵头，就用目光看孩子们，意思是：你们听懂了吗？下面的孩子全摇头。**细马终于明白了：他被扔到了一个无法进行语言沟通的世界。他焦躁地看了看几十双茫然的眼睛，低下头去，感觉到了一个哑巴才有的那种压抑与孤单的心情。**

蒋一轮摆了摆手，让细马坐了下去。

后来的时间里，细马就双目空空地看着黑板。

下了课，孩子们觉得自己憋了四十五分钟，终于有了说话的机会，不是大声地尖叫，就是互相用一种犹如一壶水烧沸了，壶盖儿噗噗噗地跳动的速度说话，整个校园，噪得听不见人语。

细马却独自一人靠在一棵梧桐树上，在无语的状态里想着江南的那个小镇、那个小学校、那些与他同操一种口音的孩子们。

下一节是算术课，细马又几乎一句未能听懂别人说的话。

第二天，细马一想到上课，心里就有点发怵，不想去上学了。但邱二爷不允许，他只好又不太情愿地来到学校。**他越来越害怕讲话，一日一日地孤僻起来。大约过了七八天，他说什么也不肯去上学了。**邱二爷想，耽误个

其实很同情此刻的细马，语言不通是一件很痛苦的事情。

下课了，孩子们终于可以解放天性，或者尖叫，或者说得又急又快。句中的比喻充满生活气息，生动贴切。

语言是沟通的桥梁，是人际交往的基本凭借之一。同一种口音，是一个社会群体的象征和凝聚。而细马因口音被隔离在外，感觉到了人们的疏远，只好想念着江南，想念着过往。

细马开始对上学产生抗拒。

一两天，也没有什么，也就由他去。但过了三四天，还不见他有上学的意思，就不答应了，将他拖到学校。当他被邱二爷硬推到教室门口，看到一屋子的孩子在一种出奇的寂静中看他时，他感到了一种更深刻的陌生，用双脚抵住门槛，赖着不肯进去，被邱二爷在后脑勺上猛击了一巴掌，加上蒋一轮伸过手去拉了他一下，他才坐回到秃鹤的身旁。

蒋一轮和其他所有老师，唯恐使细马感到难堪，就显得小心翼翼，不再在课堂上让细马站起来读书或发言。孩子们也不再笑他，只是在他不注意时悄悄地看着他，也不与他讲话。这样的局面，只是进一步强化了细马的孤单。

细马总是站在孩子群的外边，或是看着孩子们做事，或是自己去另寻一个好玩的事情。

那天，桑桑回来对母亲说："细马总在田头上，与那群羊在一起玩。"

母亲就和桑桑一起来到院门口，朝田野上望去，只见细马坐在田埂上，那些羊正在他身边安闲地吃着草。那些羊仿佛已和细马很熟悉了，在他身边蹭来蹭去的，没有一只远走。

母亲说："和细马玩去吧。"

桑桑站着不动。因为，他觉得和细马在一起时，总是觉得很生疏。无话可说，是件很难受的事情。不过，他还是朝细马走去了。

在一次小测验之后，细马又不来上学了。因为无法听懂老师的讲解，他的语文、算术成绩几乎就是零。那天，放了学，他没有回家，直接去了田野上，走到了羊群里。他坐下后，就再也没有动。

> 老师和孩子们出于善意的举动，却因过于小心翼翼而显得刻意，这在无形中会使细马更不自在，强化了他的孤单。

> 因为语言不通，学习原本吃力的细马，成绩变得更差，几乎就是零的成绩，给细马很大打击。

邱二爷喊他回去吃饭，他也不回。

　　邱二妈来到学校，问蒋一轮，细马在学校是犯错误了还是被人欺负了，蒋一轮就把小测验的结果告诉了她。邱二妈说："我看，这书念跟不念，也差不多了。"

　　邱二爷也就没有再将细马拖回学校。他知道，细马原先在江南时就不是一个喜欢读书的孩子。他既然不肯读书，也就算了。

　　邱二妈对邱二爷说："你可得向他问清楚了，到底还读不读书，不要到以后说是我们不让他读书的。"

　　邱二爷走到了田野上，来到细马身旁，问："你真的不想读书了？"

　　细马说："不想。"

　　"想好了？"

　　"想好了。"细马把一只羊搂住，也不看邱二爷一眼，回答说。

　　那天，邱二妈看到河边上停了一条卖山羊的大船，就买下了十只小山羊，对细马说："放羊去吧。"

二

　　每天早晨，当桑桑他们背着书包上学时，细马却赶着那十只山羊，到田野上牧羊去了。

　　细马好像还挺乐意。那十只小山羊，活蹦乱跳，一只只如同小精灵一般，一忽儿跑，一忽儿跳，一忽儿又互相

打架，给细马带来了许多快乐。细马一面用一根树枝管着它们，一面不住地跟它们说话："走了，走了，我们吃草去了……多好的草呀，吃吧，吃吧，快点吃吧，再不吃，人家的羊就要来吃了……别再闹了，在草地躺一会儿，晒晒太阳多好……你们再这样偷吃人家菜园里的草，被人家打了，我发誓，再也不管你们了……"**细马觉得羊们是能听得懂他的话的，也只有羊能听得懂他的话。**每逢想到这一点，细马就对油麻地小学的学生耿耿于怀：他们连我的话都听不懂；他们就不知道他们的话说得有多难听！他就在心中暗暗嘲笑他们读课文时那副腔调：说的什么话呀，一个个都是大舌头，一个个好像都堵了一鼻孔鼻涕！

▶ 这种情景其实挺凄凉的，一个孩子失去了和同龄人沟通、陪伴的机会，只能和羊说话。

细马似乎很喜欢这儿的天地。那么大，那么宽广的大平原。到处是庄稼和草木，到处是飞鸟与野兔什么的。有那么多条大大小小的河，有那么多大大小小的船。他喜欢看鱼鹰捕鱼，喜欢听远处的牛哞哞长叫，喜欢看几个猎人带了几只长腿细身的猎狗，在麦地或棉花地里追捕兔子，喜欢听芦苇丛里一种水鸟有一声无一声地很哀怨地鸣叫，喜欢看风车在野风里发狂似的旋转……他就在这片田野上，带着他的羊，或干脆将它们暂时先放下不管，到处走。一切都是有趣的。**他乐意去做许多事情：追逐一条狗，在小水塘里去捉几条鱼，发现了一个黄鼠狼的洞，就用竹片往洞的深处挖……**

▶ 排比形成气势，借由细马的眼睛去欣赏田野风光。风景是由细马眼里引出的，读者就与细马一起观看，同时间接看见了细马的内心和姿态，是一种双重的效果。

这样过了一些日子，细马忽然觉得这一切又不再有什么趣味了。当他听到从油麻地小学传来的读书声、吵闹声时，他就会站在田野上，向油麻地小学长久地张望。然而，他又不愿意再回到学校读书。

▶ 一开始，细马享受放羊的自由，享受田野上的乐趣。

冬天到了，因为平原没有什么遮拦，北风总是长驱放羊也要吃苦的，割草或者割豆秸，都要忍受冷酷锐利的北风。

直入，在原野上肆无忌惮地乱扑乱卷。**细马虽然不必天天将羊们赶到田野上，但他得常常拿一把小镰刀去河坡、田埂上割那些已经枯萎了的草或漏割的豆秸，然后背回来喂羊。北风像冰碴一般锐利地划着他的手，他的脸。没有几天，他的手就裂口了，露出红艳艳的肉来。**晚上，邱二妈烧一盆热水，邱二爷就把细马拉过来，让他将双手放在热水里长时间地浸泡，然后擦干，再让他涂上蛤蜊油。但即使这样，细马的手仍在北风中不时地产生一种切割样的疼痛。每逢此时，他就对那些坐在门上挂了厚厚草帘的教室中读书的孩子们产生了一种嫉妒，一种敌意。

冬天过去，细马已基本上能听得懂油麻地人"难听的"话了。但，细马依然没有去学校上学。一是因为，邱二妈并未提出让他再去读书，二是细马觉得，自己落了一个学期的课，跟是不可能再跟上了，除非留级，而细马不愿意这样丢人。**细马还是放他的羊。虽然细马心里并不喜欢放羊。**

对放羊这件事情，细马的态度发生了转变。

其实，细马是想回到学校，回到孩子中间去的，但他却采取了一种对抗的姿态。

细马越来越喜欢将羊群赶到离油麻地小学比较近的地方来放。现在，他不在乎油麻地小学的孩子们用异样的目光来看他。他甚至喜欢挑战性地用自己那双眍眼去与那些目光对视，直至那些目光忽然觉得有点发虚而不再去看他。他在油麻地首先学会的是骂人的话，并且是一些不堪入耳的骂人的话。他知道，这些骂人的话，最能侮辱对方，也最能伤害和刺激对方。当一个孩子向他的羊群投掷泥块，或走过来逗弄他的羊，他就会去骂他们。他之所以骂他们，一是表明他讨厌他们，二是表明他现在也能讲油麻地的话了。油麻地的孩子们都已感觉到，这个江南小蛮子是一个很野蛮的孩子。知道了这一点，也就没有太多的孩子去招惹他。**这使细马很失望。他希望有人来招惹他，然后他好去骂他们。他甚至在内心渴望着跟油麻地小学的某一个孩子狠狠地打一架。**

孩子们看出了这一点，就更加小心地躲避着他。

细马就把羊群赶到了油麻地小学的孩子们上学所必须经过的路口。他让他的羊在路上拉屎撒尿。女孩子们既怕羊，又怕他，就只好从地里走。男孩子们不怕，就是要走过来。这时若惊动了他的羊，他就要骂人。如果那个挨骂的男孩不答应他的无理，要上来与他打架，他就会感到十分兴奋，立即迎上去，把身体斜侧给对方，昂着头："想打架吗？"那个男孩，就有可能被他这股主动挑衅的气势吓住，就会显得有点畏缩。他就会对那个男孩说："有种的就打我一拳！"**有几个男孩动手了，但都发现，细马是一个非常有力气的孩子，加上他在打架时所表现出的凶样，纠缠了一阵，见着机会，就赶紧摆脱了他，逃掉了事。**六年级有一个男孩，仗着自己个高力大，不怕他的凶样，故意过来踢了一只羊的屁股。细马骂了一句，就冲了过去。那个男孩揪住他的衣服，用力甩了他两个圆圈，然后双手一松，细马就往后倒去，最后跌坐在地上。细马顺手操起了两块砖头。两个小孩打架打急了眼，从地上抓砖头要砸人的有的是，但十有八九是拿着砖头吓唬人。砖头倒是抓得很紧，但并不敢砸出去。胆大的对方知道这一方不敢砸，就在那里等他过来。这一方就抓着砖头奔过来了，把砖头扬起来。对方也有点害怕，但还是大声地说："你敢砸我！你敢砸我！"抓砖头的这一个就说："我就敢砸你！"嘴硬，但终了也不敢砸。对方也有点发虚，怕万一真的砸出来，就走开了。**但细马却是来真的。他对准**

或许，细马在孤寂中最渴望的是，同龄人的陪伴与友谊，但是他只能以这种激烈的、挑战的姿态去靠近油麻地小学。

细马选择这样的方式，其实是在挑衅油麻地小学的孩子们，他似乎在报复曾经在学校的那些不愉快，更是为了吸引同龄人的注意力。

细马敢于挑衅，也是凭借了自己的身体条件，力气很大，并且不管不顾，非常凶狠，这样的细马需要更好地引导。

细马内心有很深的怨气，语言不通，在学校被孤立，辍学后只能放羊，他不甘心，但是直接拿砖头砍人，实在是过于冒失野蛮，不计后果。

那个高个男孩，就砍出去一块砖头。那高个男孩一躲闪，就听见砖头"唰"地从他的耳边飞了过去。眼见着细马拿了砖头冲过来，一副绝对真干的样子，吓得掉头直往校园里跑。细马又从地上捡了一块砖，一手提一块，并不猛追，咬着牙走进了校园。吓得高个男孩到处乱窜，最后竟然藏到了女生厕所里，把前来上厕所的几个女孩子吓得哇哇乱叫。细马没有找到那个高个男孩，就提着砖头走到校园外面，坐在路上，一直守到放学。高个男孩回不去家，只好跑到小河边上，让一个放鸭子的老头用船把他送过河去。

油麻地小学的老师就交代各班同学：不要去惹细马。

但秃鹤还是去惹了细马。结果，两人就在路上打起来。秃鹤打不过细马，被细马骑在身下足有一个小时。细马就是不肯放开他。有人去喊蒋一轮。蒋一轮过来，连说带拉，才把细马弄开。秃鹤鼻子里流着血，哭丧着脸跑了。

傍晚，桑乔找了邱二爷与邱二妈，说了细马的事。

晚上，邱二妈就将细马骂了一顿。细马在挨骂时，就用割草的镰刀，一下子一下子将刀尖往乌桕树上砍，将乌桕树砍了许多眼。邱二妈过来，将镰刀夺下，扔进了菜园，就对邱二爷嚷嚷："谁让你将他带回来的！"

邱二爷过来，打了一下细马的后脑勺："吃饭去！"

细马不吃饭，鞋都不脱，上了自己的床，把被子蒙在头上哭。哭着哭着，就睡着了。

邱二妈从一开始就觉得，细马不是一个一般的孩子。她从他的眍眼里看出，这已是一个有了心机的孩子。当她这样认为时，细马在他眼里就不再是一个孩子，而是一

挨骂时，细马去砍乌桕树表达愤怒，遗憾的是，来到油麻地后，他内心的压抑和委屈没有真正被看见。

因为成见，邱二妈眼中的细马是来算计他们家产的外人，她没有办法敞开心胸去对细马。

个大人了。现在这个大人是冲着他们的一笔家产突然地来了。邱二妈从一开始，就对细马是排斥的。

五月的一天，邱二妈终于向细马叫了起来："你回去吧，你明天就回你家去！"

事情的发生与桑桑有关。

这是一个星期天，细马正在放羊，桑桑过来了。现在，桑桑几乎是细马唯一的朋友。桑桑和细马在田野上玩耍时，桑桑说："我们去镇上玩吧？"

细马说："去。"

桑桑和细马丢下那群羊，就去镇上了。两人在镇上一人买了一只烧饼，一边吃，一边逛，到了吃午饭的时间了，还没有想起来回家。又逛了一阵，正想回家，桑桑看到天上有群鸽子落在了一户人家的房顶上。桑桑见着鸽子，就迈不开腿，拉了细马，就去那个人家看鸽子。也就是看鸽子。但桑桑光看，就能看得忘了自己。**细马对谁都凶，可就是很顺从桑桑。他就蹲在墙根下，陪着桑桑。**主人家见两个孩子看他们家的鸽子，一看就一两个小时，心里就生了疑，过来打量他俩。细马碰了碰桑桑的胳膊。桑桑看到了一对多疑的目光，这才和细马匆匆走出镇子往家走。

在细马离开羊群的这段时间里，羊吃了人家半条田埂的豆苗。

邱二妈向人家赔了礼，将羊赶回了羊圈里。

细马回来了。他很饿，就直奔厨房，揭了锅盖，盛了满满一大碗饭，正准备坐在门槛上扒饭，邱二妈来了："你还好意思吃饭？"

细马端着碗，不知是吃好还是不吃好。

桑桑自带"万人迷"属性，和很多人关系都不错。这也是线索人物的一大特征。

虽然细马犯错了，但邱二妈这么数落细马，还是有点刻薄。因为成见，邱二妈觉得细马一无是处。

"你吃饭倒是挺能吃的，才多大一个人，一顿能扒尖尖两碗饭！可让你干点活，就难了！你放羊放到哪儿去了？我告诉你，我们养不起你！"邱二妈说完，去桑桑家了。

细马端着碗，眼泪就流了下来，泪珠扑嗒扑嗒地掉在了饭碗里。他突然转过身，把饭碗搁到了锅台上，走出了厨房，来到了屋后。

屋后是邱二爷家的自留地。一地的麦子刚刚割完，一捆捆麦子，都还搁在地里，未扛回院子里。

细马下地，扛了一捆麦子，就往院子里走。他扛了一捆又一捆，一刻也不停歇。

"金属一样的阳光"，这个比喻很新奇，把阳光写出了质感，表现了那种强烈、灼热的特点。

当时是下午四点，金属一样的阳光，还在强烈地照射着平原。细马汗淋淋地背着麦捆，脸被晒得通红。几道粗粗的汗痕，挂在脸上。他脱掉了褂子，露出光脊梁。**太阳的照晒，麦芒的刺戳，加上汗水的腌泡，使他觉得浑身刺挠，十分难受，但细马一直背着麦捆，一声不吭。**

细马是很硬气、很倔强的孩子，在烈日下，一捆又一捆扛麦子，虽为了赌气，但也需要毅力和坚忍。"一声不吭"这一细节，可见细马心性。

桑桑的母亲见到了，就过来说："细马，别背了。"

细马没有回答，继续背下去。

桑桑的母亲就过来拉细马，细马却挣脱了。她望着细马的背影说："你这孩子，也真犟！"

邱二妈走过来说："师娘，你别管他，由他去。"

桑桑来了。母亲给了他一巴掌："就怪你。"

桑桑也下地了，他要帮细马，也扛起麦捆来。

桑桑的母亲通情达理，她知道桑桑才是错误"源头"，而桑桑调皮归调皮，也很仗义，主动去帮助细马，分担细马的劳累。

桑桑的母亲回家忙了一阵事，出来看到细马还在背麦捆，就又过来叫细马："好细马，听我话，别背了。"

桑桑也过来："细马，别背了。"

细马抹了一把汗，摇了摇头。

桑桑的母亲就一把拉住他。桑桑也过来帮母亲推他。**细马就拼命挣扎，要往地里去，眼睛里流出两行泪水，喉咙里呜咽着。**三个人就在地头上纠缠着。

邱二妈叫着："你回去吧，你明天就回你家去！"

桑桑的母亲就回过头来："二妈，你也别生气，就别说什么了。"

这时，邱二爷从外面回来了，听桑桑的母亲说了一些情况，说："还不听师娘劝！"

细马却还是像一头小牛犊一样，企图挣出桑桑和他母亲的手。

这时走来了桑乔。他没有动手："你们把他放了。细马，我说话有用吗？"

被桑桑和他母亲松开了的细马，站在那儿，不住地用手背擦眼泪。

桑乔这才过来拉住细马的手："来，先到我家去，我们谈谈。"

邱二爷说："听桑校长的话，跟桑校长走。"

细马就被桑乔拉走了。

这里，邱二妈哭了起来："师娘，我命苦哇……"

桑桑的母亲就劝她回去，别站在地头上。

邱二妈倚在地头的一棵树上，哭着说着："他才这么大一点的人，我就一句说不得了。等他长大了，我们还能指望得上他吗？"

桑桑的母亲劝了邱二妈半天，才把她劝回家。

当天晚上，细马就住在了桑桑家。

听到邱二妈的数落，细马是委屈的，他要用劳动来证明自己，发泄怨气。

将细马比为小牛犊，也是意在写出他的倔强不听劝。

桑乔校长很有威信，他并没有动手，但是要与细马谈一谈。做思想工作是校长的强项，细马也很需要与人好好聊聊天。

邱二妈也有自己的苦衷和心酸，没有亲生孩子是她心里的痛。因为误会和隔膜，细马的到来并没有给她带来抚慰，反而愈发提醒了她生命中的缺憾。心结没有解开，细马成了她心底的一根刺。

三

细马确实是一个很有主意的男孩。他已暗暗行动，准备离开油麻地，回他的江南老家。他去办户口的地方，想先把自己的户口迁出来。但人家笑话他："一个小屁孩子，也来迁户口。"根本不理他。他就在那里软磨硬泡。管户口的人见他不走，便说："我要去找你家的大人。"他怕邱二爷知道他的计划，这才赶紧走掉。他也曾打算不管他的户口了，就这么走了再说，但无奈自己又没有路费。**现在，他已开始积攒路费。他把在放羊时捉的鱼或摸的螺蛳卖得的钱，把邱二爷给他买糖块的钱，全都悄悄地藏到床下的一只小瓦罐里。**

当然，细马在暗暗进行这一计划时，也是时常犹豫的。因为，他已越来越感受到邱二爷是喜欢他的，并且越来越喜欢。他不会游泳，而这里又到处是河。邱二爷怕他万一掉进河里——这种机会对于生活在这里的人来说，也实在太多了——就教他学游泳。**邱二爷站在水中，先是双手托着他的肚皮，让他在水中扑腾，然后，仅用一只手托住他的下巴，引他往前慢慢地游动。一连几天，邱二爷就这么耐心地教他。邱二爷是好脾气。**细马终于可以脱开邱二爷的手，向前游动了，虽然还很笨拙，还很吃力，仅仅能游出去丈把远。那天，邱二爷在河边坐着，看着他游，后来想起一件什么事来，让细马不要游远了，就暂时回去了。细马突然起了要跟邱二爷淘气一下的心思，看着邱二爷的背影，就悄悄躲到了水边的芦苇丛里。邱二爷惦记着

细马也有自己的无奈，在油麻地，邱二妈不喜欢他，同龄人不理他，回江南老家是他突破眼前困境的一种方式。

邱二爷如此耐心细致地教细马学游泳，一方面固然是因为好脾气，不急躁，另一方面更是因为在乎细马，害怕他有任何闪失。

水中的细马，很快返回，见水面上没有细马，一惊："细马！细马！……"见无人答应，眼前只是一片寂静的水面，邱二爷又大喊了一声"细马"，纵身跳进了水中。**他发了疯地在水中乱抓乱摸。在水底下实在憋不住了，才冒出水面："细马！细马！……"他慌乱地叫着，声音带着哭腔。**细马钻出了芦苇丛，朝又一次从水底冒出来的邱二爷露出了大门牙，笑着。邱二爷浑身颤抖不已。他过来，揪住细马的耳朵，将他揪到了岸上，然后操起一根棍子，砸着细马的屁股。这是细马来到油麻地以后，邱二爷第一次揍他——第一次揍就揍得这么狠。细马哭了起来，邱二爷这才松手。**细马看到，邱二爷好像也哭了。这天深夜，细马觉得有人来到了他的床边。他半睁开眼睛，看到邱二爷端着一盏小油灯，正低头查看着他的被棍子砸了的屁股。**邱二爷走了。他看着昏暗的灯光映照下的邱二爷的背影消失在门口，然后闭上双眼。不一会儿，就有泪珠从眼缝里挤了出来。细马想起，邱二爷去江南向他的父亲提出想要一个孩子，而他的父亲决定让邱二爷将他带走时，邱二爷并没有嫌他太小，而是喜欢地将一只粗糙的大手放在了他的脑袋上，仿佛他此次来，要的就是他。**而当他听父亲说要将他送给二叔时，他也没有觉得什么，仿佛这是一件早商量好了的事情。他在那只大手下站着，直觉得那只大手是温暖的……**

细马甚至也不在心里恨邱二妈。**除了与他隔膜和冷漠，邱二妈实际上对任何人都显得十分和善。**谁家缺米了，她会说："到我家先量几升米吃吧。"若是一个已经借过米但还未还的，就不好意思来。她就会量个三升五升的米，主动送上人家的门："到收了稻子再还吧。"桑桑

▶ "发了疯地"写出邱二爷此刻的惊恐与慌乱，"声音带着哭腔"可以看出邱二爷十分在乎、疼爱细马。

▶ 虽然细马之前也犯错，但邱二爷从没打过他；反而是细马用生命安全开玩笑，邱二爷在愤怒的时候揍了他，但邱二爷是很心疼的。深夜邱二爷低头查看细马屁股这一细节非常动人，可见邱二爷对细马爱得深沉。

▶ 回忆起了要离开原来的家时的情景，细马也懂得一点儿二叔的心思，温暖的手传递的是真挚的亲情。

▶ 邱二妈并不是内心冷酷的人，她只是需要时间解开心结。

的母亲要纳一家人的鞋底，邱二妈就会对桑桑的母亲说："让我帮你纳两双。"她纳的鞋底，线又密又紧，鞋底板得像块铁，十分结实。桑桑脚上穿的鞋，鞋底差不多都是邱二妈纳的……

但细马还是计划着走。

夏天过去之后，细马与邱二妈又发生了一次激烈的冲突。邱二妈向邱二爷大哭："你必须马上将他送走！"

邱二爷是老实人。邱二爷与邱二妈成家之后，一般都听邱二妈的。他们家，是邱二妈做主，邱二爷只是随声附和而已。他想想细马在油麻地生活得也不快活，就不想再为难细马了，就对细马说："你要回去，就回去吧。"他去把细马的户口迁了出来。

这以后的好几天，邱二妈总不说话。因为，当她终于知道，细马真的马上要离去时，她心中又有另一番说不清楚的感觉了。**她甚至觉得，她原来并不是多么地不喜欢细马。她在给细马收拾东西时，收拾着收拾着，就会突然停住，然后很茫然地望着那些东西。**

说好了这一天送细马走的。但就在要送他走的头两天，天气忽然大变。一天一夜的狂风暴雨，立即给平原蒙上了涝灾的阴影。原以为隔一两天，天会好起来，但后来竟然一连七八天都雨水不绝。或倾盆大雨，或滴滴答答地漏个不止，七八天里，太阳没有出来过一分钟。河水一天一天地在涨高，现在已经漫上岸来。稻地已被淹没，到处白茫茫的一片。地势高一些的稻田，只能看见少许一些稻叶在水面上无奈地摇曳。

道路都没有了。细马暂时走不了。细马似乎也不急着走了。望着止不住的雨水，他并无焦急的样子。

旁注：

这一次作者采用略写的方式，省略了对冲突的具体描写。有详有略，整个布局才会更加层次清晰。

细马真的要走了，邱二妈终于有机会放下成见，发现自己内心真正的想法。

"倾盆大雨"是写雨势之猛烈，"漏个不止"是写雨水之连绵，二者交替进行，涝灾势必难免。

虽然决定要走了，但是细马对油麻地又有不舍，这场大雨留住了他，也让他有机会再待一段时间。

桑桑这几天，总和细马在一起。他们好像很喜欢这样的天气。他们各拿了一根木棍，在水中探试着被水淹掉了的路，一步一步地往前走，觉得非常有趣。两人一不小心，就会走到路外边，滑到比路基低得多的缺口或池塘里，就弄了个一身湿淋淋的。**细马回到家，邱二妈就赶紧让他换上干衣。**细马换了干衣，禁不住外头桑桑的召唤，又拿了木棍试探着，走出门去。这时，邱二妈就在家点起火，将细马刚换下的衣服晾在铁丝上，慢慢烘烤着。那时，邱二妈就在心里想：马上，细马又要湿淋淋地回来了。

雨根本没有停息的意思。天空低垂，仿佛最后一颗太阳已经永远地飘逝，从此，天地间将陷入绵延无穷的黑暗。雨大时，仿佛天河漏底，厚厚实实的雨幕，遮挡住了一切：树木、村庄……就只剩下了这厚不见底的雨幕。若是风起，这雨飘飘洒洒，犹如巨瀑。**空气一天一天紧张起来。到处在筑坝、围堤。坝中又有坝，堤中又有堤，好像在准备随时往后撤退。桑桑和细马撑着小船，去看过一次大坝。他们看见至少有二十只从上面派来的抽水机船，正把水管子搁在大坝上，往外抽水。那一排水管，好似一门一门大炮，加上机器的一片轰鸣和水声，倒让桑桑和细马激动了半天。**随时会听到报警的锣声。人们听到锣声，就说："不知哪儿又决坝了。"

油麻地小学自然属于这地方上的重点保护单位，早已将它连同一片住户围在了坝里。这坝外面还有更大范围的坝。

邱二爷家只在大坝里。

桑桑的母亲对邱二妈说："万一大坝出了事，你们

细马要走了，邱二妈也开始不舍，为他换上干衣，烘烤衣服，这样切切实实的疼爱是邱二妈逐渐放弃成见的表现。

紧张的空气、筑坝、围堤、抽水机船都可看出人们严阵以待。说明形势严峻、大水之恐怖。

就住到我家来。"面对着一片还在不断上涨的水，人心惶惶。

但孩子们总也紧张不起来。这个水世界，倒使他们感到有无穷的乐趣。他们或用洗澡的木盆，或干脆摘下门板来，坐在上面，当作小船划出去。他们没有看见过海，但想象中，海也就是这个样子：白茫茫，白茫茫，一望无边。不少人家，屋中已经进水，鲤鱼跳到锅台上的事情也已经听说。

桑桑和细马一人拿了一把鱼叉。他们来到稍微浅一些的地方，寻找着从河里冲上来的鲤鱼。他们走着走着，随时都可能惊动了一条大鱼，只见它箭一样窜出去，留下一条长长的水痕。两个人常一惊一乍地在水中喊叫。

细马马上要走了。他没有想到，在他将要离去时，竟能碰上如此让他激动的大水。他和桑桑一起，整天在水中玩耍，实在是开心极了。细马要抓住他在油麻地的最后时光，痛痛快快地玩。

邱二妈站在桑桑家门口，对桑桑的母亲叹息道："这两个小的，在一起玩一天是一天了。"

这天夜里，桑桑正在熟睡中，朦朦胧胧地听见到处有锣声和喊叫声。母亲点了灯过来，推着桑桑："醒醒，醒醒，好像出事了。"这里正说着，门被急促地敲响了："校长，师娘，开门哪！"

门一打开，是邱二爷、邱二妈和细马湿淋淋地站在那里。

邱二爷说："大坝怕是决堤了。"

邱二妈哭着："师娘，我们家完了。"

桑乔也起来了，问："进多深的水了？"

大人们人心惶惶，孩子们却觉得乐趣无穷，"初生牛犊不怕虎"，不单单是勇敢无畏，还是未经世事的单纯。

大水令细马激动，他觉得这是他在油麻地最后的开心时光。

深夜，邱家三口湿淋淋站在桑家门外，可见情况紧急，邱家遇上了大事。

"快齐脖子了，还在涨呢"。邱二爷说。

母亲叫他们赶快进屋。

油灯下，所有的人都一副恐惧的样子。桑桑的母亲总是问桑乔："这里面的一道坝撑得住吗？"**桑乔说不好，就拿了手电走了出去。两个孩子也要跟着出去。桑乔说："去就去吧。"**

三个人走了一会儿，就走到了坝上，往外一看，水也已快要越过坝来了。坝上有不少人，到处是闪闪烁烁的灯光。

这天夜里，邱二妈几乎没合一眼，总在啼哭，说她命真的很苦。

邱二爷一副木呆呆的样子，斜倚在桑桑家为他和邱二妈临时搭起的铺上。邱家的这份家产，经这场大水泡上几日，大概也就不值几文钱了。

与桑桑合睡一床的细马似乎心情也忽然沉重起来，不停地翻身，弄得桑桑一夜没有睡好。

第二天天才蒙蒙亮，邱二爷和邱二妈，就爬上坝去看他们的房子。随即，邱二妈就瘫坐在堤上哭起来。

桑桑的母亲和桑桑的父亲都过来看，看到邱二爷的家，已大半沉在水里了。

细马也爬到了坝上。**他蹲在那里，默默地看着水面上的屋脊、烟囱上立着的一只羽毛潮湿的水鸟。**

那份在邱二妈眼里，细马以及细马的父亲就是冲着它来的家产，真的应了一句话：泡汤了。

四

大水差不多在一个月后，才完全退去。

地里的稻秧，已经全部死灭。到处烂乎乎的，几天好太阳一晒，空气里散发着一片腐烂的气息。

邱二爷家的房屋，地基已被水泡松，墙也被水泡酥，已经倾斜，是非拆不可了。现在只能勉强住着。屋里的家具，十有八九，已被泡坏。邱家几代传下的最值钱的一套红木家具，虽然在第二天就被邱二爷和细马、桑桑打捞上来，弄到了油麻地小学的教室里。但却因浸了水，榫松了，变形了。

这几天，桑桑就尽量与细马待在一起。因为，他知道，道路一通，细马马上就要离去了。

邱二爷不想再留细马多待些日子了，对邱二妈说："给他收拾收拾吧。"

邱二妈说："早收拾好了。你早点送他回去吧。"

这天，一大早，细马就来桑桑家告别了。

桑乔把手放在细马肩上很久："别忘了油麻地。"

桑桑的母亲说："有空回来看看二爷二妈。"

桑桑不知道说什么，就在那儿傻站着。

细马上路了。

大家都来送行。

邱二妈只把细马送到路上，就回去了。桑桑的母亲看到了，对细马说了一声"一路好好走"，就转过身去看邱二妈。**邱二妈正在屋里哭。见了桑桑的母亲说："说走就**

这场大水，邱家损失惨重，因为这场大水，邱家人的命运也面临改变。

邱二爷不留细马，很大程度上是觉得当下自己家里都变得乱糟糟的，没有财力物力去照顾细马了。

桑桑是个机灵的孩子，他当然想挽留细马，但是他知道细马在油麻地并不开心，邱家又遭遇灾难，明白细马或许不得不走了，无言送别，最后变成了"傻站着"。

此刻的邱二妈显然有些舍不得细马了，她对细马的情感在悄然间已经发生改变。

走了……"泪珠就顺着她显然已经苍老了的脸往下滚。

细马走后，桑桑一整天都是一副落寞的样子。

邱二爷把细马送到县城，给细马买了一张长途汽车票，又买了一些路上吃的东西。邱二爷很想将细马一直送回家。但他有点羞于见到细马的父亲。再则，细马已经大了，用不着他一直送到底了。

上车时间还早，两人坐在长途汽车站的候车室里，都默然无语。

细马上车后，将脸转过去看邱二爷。他看到邱二爷的眼睛潮湿着站在秋风里，一副疲惫而衰老的样子。**细马还发现，邱二爷的背从未像今天这样驼，肩胛从未瘦得像今天这样隆起，脸色也从未像今天这样枯黑——枯黑得就像此刻在秋风中飘忽的梧桐老叶。**

细马将脸转过去哭了。

车开动之后，细马又一次转过脸来。他看到了一双凄苦的目光……

傍晚，邱二爷回来了。**这天晚上，他和邱二妈感到了一种无底的空虚和孤寂。老两口一夜未睡。清淡的月光，从窗外照进来，也把窗外的一株竹影投进来，直投在他们的脸上。秋风一吹，竹子一摇，那些影子就虚虚幻幻地晃动着。**

一夜，他们几乎无语。只是邱二妈问了一句："孩子不知走到哪儿了？"邱二爷回答了一句："我也说不好呢。"

第二天黄昏时，桑桑正要帮着将邱二爷的几只在河坡上吃草的羊赶回邱二爷家时，偶然抬头一看，见路上正走过一个背着包袱的孩子来。**他几乎惊讶得要跳起来：那不**

离别时刻，细马与邱二爷默然无语。此时无声胜有声，对于分别，细马与邱二爷的心情都是沉重的、不舍的。

通过细马的眼睛，去打量邱二爷的衰老、瘦弱、枯黑。我们看见的不仅仅是邱二爷命运坎坷，还看到了细马心底的善良和不忍。

送走细马之后，邱二爷、邱二妈感到前所未有的孤独，此处的风景描写透射出凄凉感伤。

是细马吗？但他不相信，就揉了揉眼睛，双脚不由自主地往前走着，仔细地看着：细马！就是细马！他扔掉了手中赶羊的树枝，翻过大堤，一路往邱二爷家跑，一边跑，一边大叫："细马回来了！细马回来了！……"

桑乔正站在校门口问："你说是谁回来了？"

桑桑脚步不停："细马！是细马回来了！"他一口气跑到了邱二爷家，对邱二爷和邱二妈说："二爷，二妈，细马……细马……细马他……他回来了……"

邱二爷和邱二妈站在那儿不动，像在梦里。

"细马回来啦！"桑桑用手指了一下黄昏中的路，然后迎着细马跑过去。

邱二爷和邱二妈急匆匆地跑到门口，朦朦胧胧地看到，大路上，真的有一个孩子背着包袱正往这边走过来。

等邱二爷和邱二妈跑到路口时，桑桑已背着包袱，和细马走到了他们的跟前……

"跳起来""揉眼睛""扔树枝""翻大堤""边喊边叫"，一系列的动作细致传神地写出了桑桑的惊讶和狂喜。

与桑桑的敏捷反应相比，邱二爷邱二妈此刻的"一动不动"，源于更深的震惊，难以相信。

从震惊中清醒，邱二爷邱二妈是"急匆匆地跑"，一直"跑到路口"，可见他们对细马归来的惊喜与期待。

五

细马是在车开出去一个小时以后下的车。

车在路上，细马眼前总是邱二爷的那双目光。**油麻地的一切，也都在他心里不住地闪现。**他终于叫了起来："不好啦，我把东西落在车站啦！"驾驶员将车停下后，他就拿了包袱下了车，然后坐在路上，又拦了一辆回头的车，就又回到了县城。

曾经拼命想逃离的一切，却在此刻占据心头。或许细马此前并没有意识到，油麻地已经成为他心中不可割舍的存在。

当天晚上，一家人除了哭哭笑笑，就是邱二妈不时地说："你回来干吗？你回来干吗？"就不知再说些其他什么。

第二天，邱二妈看着随时都可能坍塌的房子，对邱二爷说："还是让他回去吧？"

细马听到了，拿了根树枝，将羊赶到田野上去了。

几天后，邱二爷的房子就全推倒了。好好一户人家，眨眼的工夫，就只剩下一堆废墟。眼见着天气一天凉似一天，就临时搭了一个矮屋。一家人倒也并不觉得什么，日子过得平平常常、欢欢喜喜的。邱二妈仍是一尘不染的样子，在家烧饭、种菜，细马放羊，邱二爷有集市时就去集市上做他的掮客，没有集市时，就到地里做些农活。一有空，一家三口总要走过桥来，到桑桑家来玩。有时，细马晚上过来，与桑桑待在一起，觉得还没有待得过瘾，就站在河边喊："我不回去睡觉啦！"就睡在了桑桑的床上。

一天，桑桑跑回来对母亲说："细马不再叫二爷二妈了，改叫爸爸妈妈了。"

细马晚上再过来，桑桑的母亲就问："听说细马不再叫二爷二妈了，改叫爸爸妈妈了。"

细马脸微微一红，走到一边，跟桑桑玩去了。

油麻地又多了一户平常而自足的人家。

但就在这年冬天，邱二爷病倒了。**实际上邱二爷早在夏天时，就有了病兆：吃饭时，老被哽住，要不，吃下的东西，不一会儿又吐出来。**秋天将尽时，他就日见消瘦下来，很快发展到一连几天不能吃进去一碗粥。**但邱二爷坚持着，有集市时仍去集市做掮客。他只想多多地挣钱。他必须给细马留下一幢像样一点的房子。**入冬后的一天，

以前邱二妈嫌细马惦记家产，不够温顺，所以让他回去，现在是怕细马受苦受委屈。此时的邱二妈，已经开始接纳细马。

家产没了，他们之间的隔阂也消失了，如果能够这样平平淡淡生活下去，何尝不是一种幸福。

称呼的改变，说明一家人感情日渐融洽。

大胆猜测一下，很可能是贲门癌或者食道癌，纵然现在也难以治愈，那个时代，医疗不发达，恐怕连清晰的诊断都很难。

"可怜天下父母心"，病重的邱二爷还在坚持，细马已成了邱二爷努力的理由和动力。

他在集市上晕倒了，脸在砖上磕破了，流了不少血。别人把他扶回了家。第二天，邱二妈要找人将邱二爷护送到城里看病。邱二爷坚决地拒绝了："不要瞎花那个钱，我知道我得了什么病。"夜里，他对邱二妈说："我得了绝症。细马他爷爷就是得的这个病。是根本治不好的。"**但邱二妈不听他的，到处求医问药。后来，听说一个人吃中药把这病吃好了，就把人家的方子要过来，去镇上抓了几十服中药。这时，已是腊月了。**

这天早上，细马没有放羊，却拿了一把镐、一只竹篮离开了家门。

桑桑问："你去哪儿？要干什么？"

细马说："中药里头，得放柳树须子，我去河边刨柳树须子。"

桑桑的母亲正好走过来，说："桑桑，你去帮细马一起刨吧。"

这一年的冬天冷得有点异常。河里结了厚冰，让人无法汲水。因此，一早上，到处传来用榔头敲冰砸洞的声音。**整个世界，都冻得硬邦邦的，仿佛天上的太阳都被冻住了。**风倒不大，但空气里注满了森森寒气。

细马和桑桑在河边找到了一棵柳树。

细马挥镐砸下去，那冻土居然未被敲开，只是留下一道白迹。细马往手上啐了一口唾沫，咬着牙，用了更大的劲，又将镐砸了下去。这一回，镐尖被卡在了冻土里。细马将镐晃动了半天，才将它拔出来。

不一会儿，桑桑就看到，细马本来就有裂口的手，因连续受到剧烈震动，流出血来。**血将镐柄染红了。**桑桑就把竹篮子扔在地上，从细马手中夺过镐来，替换下细马。

邱二爷已经放弃治疗，但是邱二妈还在求医问药，夫妻情深。

是比喻，同时也是夸张，突出了寒冷异常，连热量之源太阳都已被冰冻，失去了力量。

血染红了镐柄，写出细马出血严重，但就是这样，他依然坚持，一片赤子心肠。

但桑桑没有细马力气大，进展得很慢。细马说："还是我来吧。"就又抢过了镐。

这柳树的根仿佛就没有须子，刨了那么大一个坑，树根都露出一大截来了，还未见到须子。桑桑很疑惑：能弄到柳树须子吗？**但细马不疑惑，只管一个劲地去刨，头上出了汗，他把帽子扔在地上，头在冷空气里，飘散着雾状的热气。他把棉袄也脱下了。**

总算见到了柳树须子。一撮一撮的，像老头的胡子。

桑桑说："这一棵柳树的须子，就够了。"

细马说："不够。"因为细马在挑这些柳树须子时很苛刻。**他只要白嫩白嫩的，像一条条细白的虫子一样的须子，黑的，或红的，一概不要。一棵柳树，他也就选一二十根。**

细马穿好棉袄，戴上帽子，扛了镐，又去找第二棵柳树。

桑桑几次说："够了，够了。"

但细马总是说："不够，不够。"

桑桑很无奈，只好在寒风里陪伴着细马。

到了中午，竹篮子里，已有大半下柳树须子。**那须子在这冰天雪地，一切生命都似乎被冻结了的冬季，实在是好看。那么白，那么嫩，一根一根，仿佛都是活的，仿佛你一不留神，它们就会从竹篮里爬了出去。太阳一照，就仿佛盛了半竹篮细细的银丝。**

当邱二妈看见这大半竹篮柳树须子时，眼睛红了。

可是，邱二爷未能等到春季来临，就去世了。**临去时，他望着细马，眼睛里只有歉疚与深深的遗憾，因为，他终于没有能够给细马留下一幢好房子。**

在寒冬腊月里，细马居然累得出了汗，热得脱了棉袄，冷热鲜明的对比更显出细马的赤诚付出。

细马挑选苛刻，因为这是给爸爸治病的药引，这份苛刻里寄寓着希望爸爸能够康复的深情。

对须子的描写，隐喻着对细马的赞美，正是细马的赤子心肠，才有如此好看的须子。对须子活力的赞美，内里寄寓着深切的希冀，渴望他能够给爸爸带来生命活力。

邱二爷离开时，并没有对死亡的恐惧，反而全是因没给细马留下房子的歉疚与遗憾，可见一个父亲的爱和牵挂。

送走邱二爷以后，邱二妈倒也不哭，仿佛悲伤已尽，已没有什么了。她只是一到天晚地沉默着，做她该做的事情：给细马烧饭，给细马洗衣服，夜里起来给细马盖被细马蹬翻了的被子，晚上端上一木盆热水来让细马将脚放进去然后她蹲下去给他好好搓洗……

邱二妈在神情恍惚了十几天之后，这天一早，就来了桑桑家，站在门口问桑桑的母亲："师娘，你看见二爷了吗？"

桑桑的母亲赶紧拉住邱二妈的手，道："二妈，你先进来坐一会儿。"

"不了，我要找二爷呢。这个人不知道哪儿去了。"邱二妈又见到了桑桑，"桑桑，看见你二爷了吗？"

桑桑有点害怕了，瞪着眼睛，摇着头。

"我要去找他，我要去找他……"邱二妈说着，就走了。

桑桑的母亲就一直看着邱二妈的背影，直到她消失在一幢草房子的拐角处。桑桑妈进屋来对桑乔说："这可怎么办？邱二妈的脑子出毛病了。"

桑乔似乎并不特别吃惊："听人说，她母亲差不多也在这个年纪上，脑子出了毛病。"

在细马未来之前，邱二妈和邱二爷一直相依为命，做了几十年的好夫妻。桑桑的母亲总记得，邱二爷去集市做捐客时，邱二妈就会在差不多的时候，站到路口上去等邱二爷回来。而邱二爷回来时，不是给她带回她喜爱吃的东西，就是带回她喜爱用的东西。相比之下，邱二爷显得比邱二妈老得多。但邱二爷喜欢邱二妈比他年少。邱二爷喜欢邱二妈总去梳她的头，整理她的衣服。喜欢与打扮得很

正是这样的沉默里，邱二妈压抑着巨大的悲痛，看似一如往常的忙碌，已经耗费了所有的心力，下文写邱二妈的神情恍惚乃至精神失常，作者在此处埋下伏笔。

邱二爷已经去世，邱二妈却在四处追问有没有人看见他。桑桑的反应，可以看出邱二妈此举十分反常，令人恐惧。

通过叙述朴素的日常，写出邱二妈与邱二爷在几十年的岁月中，相互疼爱怜惜，有着深厚的感情。

俏的邱二妈一起去桑桑家串门，一起搬了张凳子到打麦场上去看电影或者看小戏……**邱二爷离不开邱二妈，而邱二妈可能更离不开邱二爷。现在邱二爷居然撇下她走了。**

"居然"两个字写出邱二爷去世，对邱二妈的打击是多么猝不及防，邱二妈根本没有办法承受邱二爷的离开，所以她"必须要找到邱二爷"。

邱二妈必须要找到邱二爷。她一路问下去："见到我家二爷了吗？"

这天，细马放羊回来，见邱二妈不在家，就找到桑桑家，见了桑桑，问："我妈在你家吗？"

桑桑摇了摇头："不在我家。"

与邱二妈的"一路问下去"如出一辙，这母子俩有相像的诚挚与倔强。

细马就一路呼唤下去。当时，天已黑了，每个人家都已点了灯，正在吃晚饭。乡村的夜晚，分外寂静。人们都听到了细马的呼唤声。

桑桑和母亲循着细马的叫声，找到了细马，让他回家："你妈她自己会回来的。"硬把他劝了回来。然后，由桑桑和妹妹给细马端来了晚饭。细马不肯吃，让饭菜一直放在饭桌上。

桑桑和母亲走后，细马就一直坐在路口上，望着月光下那条路。

第二天一早，细马来到桑桑家，将门上的钥匙给了桑桑的母亲："师娘，你帮着看一下家，我去找我妈。"

桑桑的父母亲都不同意。但细马说："我找找就回家，我不走远。"临走时，又对桑桑说："桑桑，你帮我看一下羊。"就走了。

作者只是淡淡一笔，并未对细马寻找的艰辛细细道来，但给读者留下了无尽的想象空间。

细马一走就是七天。

桑桑天天将羊一早上就赶到草坡上去，像细马一样，将那群羊好好照应着。但这天晚上，他把羊赶回羊圈，看到细马家依然锁着门之后，回到家哭了："细马怎么还不回来？"

又过了两天，这天傍晚，桑桑正要将羊从草坡上赶回家，看到西边霞光里，走来了细马和邱二妈。

听到桑桑的叫声，无数的人都走到路口上来看。

邱二妈是被细马搀着走回来的。

所有看的人，都只是静静地望着他们，没有一个人说话。

细马满身尘埃。脚上的鞋已被踏坏，露着脚趾头。眼睛因为瘦弱而显得更眍，几颗大门牙，显得更大。令人惊奇的是，邱二妈却仍然是一番干干净净的样子，头发竟一丝不乱。人们看到，那枚簪子上的绿玉，在霞光里变成了一星闪闪发亮的，让人觉得温暖的橘红色。

▶ 书中虽未提及细马找邱二妈经历了些什么，却刻画了细马归来时落魄、风尘仆仆的状态，让人意识到细马此行的不易。

六

细马卖掉了所有的羊，在桑桑一家的帮助下，将邱二妈送进了县城医院。大约过了两个月，邱二妈的病居然治好了。

这天，细马来找桑乔："桑校长，你们学校还缺不缺课桌？"

桑乔说："缺。"

细马说："想买树吗？"

"你要卖树？"

"我要卖树。"

"多少钱一棵？"

▶ 这段对话虽然只是寥寥几笔，但是细马的沉稳与精明活灵活现。

· 149 ·

"那要论大小。"

桑乔笑起来。他觉得眼前这个细马，口吻完全是一个大人，但样子又是一个小孩。

"你们想买，就去看看。都是笔直的楝树。一共十六棵。"

"你卖树干什么？"

"我有用处。"

"你跟你妈商量了吗？"

"不用跟她商量。"一副当家的样子。

"好的。过一会儿，我过去看看。"

"那我就卖给你，不卖给别人了。"

桑乔看着细马走过桥去，然后很有感慨地对桑桑的母亲说："这孩子大了。"

桑桑的母亲就用脚轻轻踢了一下正在玩耍的桑桑："我们家桑桑，还只知道玩鸽子呢。"

细马在桑乔这里讨了一个好价钱，卖了十二棵树。还有四棵，他没有卖，说以后盖房子要做大梁。

细马拿了卖树的钱，天天一早就坐到大河边上去。

大河里，总有一些卖山羊的船行过。**那些雪白的山羊装在船舱里，不停地拥挤、跃动，从眼前经过时，就觉得翻着一船的浪花。**

细马要买羊，要买一群羊。

但细马并不着急买。他要仔细打听价钱，仔细审察那些羊。他一定要用最低的价钱买最上等的羊。他很有耐心。这份耐心绝对是大人才具备的。有几回，生意眼看就要做成了，但细马又放弃了。船主就苦笑："这个小老板，太精。"

细马一副当家作主的样子，显然是邱二妈给了他极大的信任与自主权，也可见细马经历了邱二爷离世、邱二妈生病之后，变得很有主见。

细马不仅仅有生意头脑，还有全局观，懂得为未来盘算。

用"浪花"的比喻不仅写出了山羊羊毛的雪白而且还表现了山羊拥挤、跃动时活泼灵动的动态美感。

细马居然用了十天的工夫，才将羊买下。一共五十只。只只白如秋云，绒如棉絮。船主绝对是做了出血的买卖。但他愿意。因为，他一辈子还没有见过如此精明能干的孩子。

大平原上，就有了一个真正的牧羊少年。

桑桑读六年级时，细马的羊群就已经发展到一百多只了。这年秋天，他卖掉了七十多只羊，只留了五只强壮的公羊和二十五只特别能下崽的母羊。然后，他把卖羊的钱统统买了刚出窑的新砖。**他发誓，他一定要给妈妈造一幢大房子。**

桑桑记得，那堆砖头运回来时，是秋后的一个傍晚。

砖头码在一块平地上。一色的红砖，高高地码起来，像一堵高大的城墙。

邱二妈不停地用手去抚摸这些砖头，仿佛那是一块块金砖。

"我要爬到顶上去看看。"细马搬来一架梯子，往上爬去。

桑桑看见了细马，仰头问："细马，你爬上去干什么？"

细马站在砖堆顶上："我看看！"

桑桑一家人，就都走出门来看。

夕阳正将红辉反射到天上，把站在砖堆顶上的细马映成了一个细长条儿，红辉与红砖的颜色融在一起，将细马染成浓浓的土红色……

细马出场时只是一个懵懵懂懂只会玩闹的孩子，如今成长得如此精明能干，苦难磨砺了他，教养了他。

邱二爷离开的时候，心心念念是想为细马留下一幢好房子；而此时的细马，心心念念则是为邱二妈造一幢大房子。这种两代人的回应，出发点皆是浓浓的亲情。

砖头是新房子的雏形，邱二妈抚摸这些砖头，不仅仅是对新房子的渴望，更是对细马一番心血的疼惜。

"红辉""红砖""土红色"的细马，这个画面有了油画般浓烈的色彩，浓浓的土红色是细马此刻的光辉与底色，传达的是成长的辛酸和辉煌。

讨 论

▼

> 1 <

为什么细马在离开的路上又决定回来？

起初，因为邱二妈的排斥，加上语言不通，细马想要离开油麻地，但他很犹豫，因为他已越来越感受到邱二爷是喜欢他的，并且越来越喜欢。学游泳时，细马躲到了芦苇丛里，邱二爷发了疯地在水中乱抓乱摸，声音带着哭腔。揍细马的时候，邱二爷自己也哭了，深夜还去查看细马被揍疼的屁股。邱二爷从没有嫌细马太小，细心地呵护他。 细马甚至也不在心里恨邱二妈。车在路上，细马眼前总是邱二爷的那双目光。油麻地的一切，也都在他心里不住地闪现。他决定回来，就拿了包袱下了车，然后又拦了一辆回头的车，就又回到了县城，走回了家。

> 2 <

邱二妈对细马的态度经历了怎样的变化？

邱二妈一开始非常排斥细马，她觉得细马是一个有心机的孩子，冲着他们的家产而来。当细马要离去时，她心中又有另一番说不清楚的感觉了。她甚至觉得，她原来并不是多么地不喜欢细马。后来因为洪水，邱家的家产泡汤了。细马被送走的时候，邱二妈在屋里哭。细马回来后，一家人欢欢喜喜生活，细马不再叫二爷二妈，改叫爸爸妈妈了。

邱二爷病倒后，细马去刨柳树须子，血将镐柄染红了，邱二妈看见感动且心疼。送走邱二爷以后，邱二妈一天到晚地沉默着，给细马烧饭、洗衣服、盖被子、洗脚……后来，邱二妈精神失常，细马找到妈妈，并且送到医院，从此成为家庭的顶梁柱，邱二妈对细马又心疼又顺从。

> 3 <

细细品读本章中"细马似乎很喜欢这儿的天地……就用竹片往洞的深处挖……"这一段的风景描写。思考一下风景描写的作用是什么？

一系列的排比形成了气势，这一段以细马的眼里引出风景描写："细马似乎很喜欢这儿的天地"，是细马在看风景，于是作者就顺理成章地描写起风景来。这一段风景描写与传统小说有明显区别。一味像摄像机那样描写风景容易令读者厌倦。那么该怎样描写环境和风景呢？这个时候曹文轩的描写就相当巧妙，正如作者马原所说："他要写一下那个环境，他怕会使他的读者厌倦，就说——在某一个位置'望得见'什么什么，某个人看见了什么，真是一个巧妙的主意。"风景是由细马的眼里引出的，读者就与细马一起观看，同时也间接洞见了细马的内心和姿态，是一种双重的效果。

第五章

红门（二）

导 读：

1． 在芦苇荡放鸭时，杜小康都经历了哪些考验?

2． 《红门》中杜小康形象前后发生了怎样的变化?

3． 桑乔校长说："日后，油麻地最有出息的孩子，也许就是杜小康！"他
为什么这样说?

一

在离开学校的最初的日子里，杜小康除了带父亲治病，其余的时间，差不多都在红门里待着。

红门几乎整天关闭着。没有人再来敲红门了。**那个曾在红门里揭露杜家杂货铺掺假蒙人的朱一世，趁杜家杂货铺垮台，将家中积蓄拿出，又从亲戚朋友处筹了一笔款，在油麻地新开了一个小杂货铺。**就在桥头上，位置显然比"大红门"还要好。晚上，人们也不再到杜家来听说古了。杜家现在也费不起这个灯油钱。

红门里，一下子显得空空落落。

白天，村巷里也没有太多的声响，只是偶然有一串脚步声，或几句平淡的问答声。外面的世界，似乎也是沉寂的。**杜小康总是坐在门槛上，听着红门外的动静。久久地听不到外面的动静后，他只好又把心思收回到院子里。**阳光照着院子里的一棵柿子树，枝叶就将影子投在了院地上，无风时，那枝叶的影子很清晰，一有风，就把影子摇乱了，乱得晃人眼睛。**风掠过枝头，总是那番单调的沙沙声。这沙沙声仿佛已经响了千年了。枝头上偶然落上几只鸟，叫两声就不叫了，因为安静，就立在枝头上打瞌睡。**

这样看来，朱一世上次的发作恐怕也不单单是一时气愤这么简单。

红门里，空空落落，小康只能关注外面的声响，但是外面的世界同样沉寂，"久久地"三个字写出了小康的无聊、孤寂与失落。

睡着睡着，忽然觉得太安静，就惊醒来，一身羽毛收紧，伸长脖子东张西望，然后战战兢兢地叫了几声，受不了这番安静，朝远处飞去了。

杜小康说不清楚是困，还是不困。但杜小康懒得动，就双脚蹬着门框的一侧，身子斜倚在另一侧，迷迷瞪瞪，似睡非睡地眯起双眼。

到了晚上，村巷里似乎反而热闹一些。呼鸡唤狗声，叫喊孩子归家声，此起彼伏。而到了晚饭后，脚步声就会多得纷乱。人们在串门，在往某一个地方集中。孩子们照例又要分成两拨，进行"殊死"的巷战。一时，巷子里人喊马叫、杀声震天，仿佛一巷子已一片血腥气了。**以往总要扮演总司令角色的杜小康，此时就像被革了职或被冷落一旁的将军那样，在不能威风疆场时，心中满是哀伤与悲凉。**他站在红门下听着那些急促的脚步声、雨点一样的棍棒相击声和惨烈的喊叫声，真想冲出门去，站在断壁或草垛上指挥他的军队作战，甚至希望在战斗中挂彩，然后威武地在他的军队前面走过……他在大红门的背后假想着，重温着大红门昨天的感觉。**可是他终于没有冲出门去。因为，他已不可能称王称霸了。现在，他如果想加入这场游戏，也只能充当一个小"炮灰"。**在游戏中承担一个什么样的角色，原来居然并不是随意的！杜小康清楚了门外的游戏中，只有桑桑那样的孩子，才能充当总司令之类趾高气扬的角色，就离开了大红门，又坐回到了门槛上，然后再去望由月亮照成的柿子树的另一番树影……

等村巷里最后一个孩子的脚步声也消失了，杜小康才走出红门。那时，村巷里，只有一巷满满的月光。他独自从地上捡了一根刚才孩子们遗落的木棍，随便砍了几下，

▶ "响了千年"透露出院子里的一切，对小康而言，过于单调，过于无趣，没滋没味，他渴望新鲜的事物。从枝头的鸟落笔，连一向怕人、远离喧嚣的鸟儿都嫌这里太安静，会因安静打瞌睡又惊醒，最后忍不了干脆飞走，更何况人呢？

▶ 这个比喻形象地写出杜小康此刻的哀伤与悲凉，不管是被革职还是被冷落，都意味着将军要告别带给自己光辉和荣耀的疆场，有一种英雄无用武之地的凄凉。

▶ 杜小康不能承受从总司令到"炮灰"角色的落差，只能悄悄躲在红门里，他似乎对人世变迁有了更深的感悟。

重又扔在地上，然后返回红门里。

　　这样过了些日子，杜小康终于走出了红门，并且在大部分时间里将自己暴露在外面。他东走西走。**他要让所有油麻地的孩子都能看见他。他像往常一样，穿着油麻地孩子中最好最干净的衣服，并且不免夸张地表现着他的快乐。**

　　但在白天，他并不能遇到太多的孩子。因为，不上学的孩子并不太多。他在村巷转，在打麦场上转，在田野上转，总不能遇到足够多的孩子。

　　这时，杜小康倒希望他的父亲杜雍和仍然瘫痪，然后，他撑一只木船离开油麻地，去给他治病。但杜雍和已能立起，并且已能扶着墙走路了。照理说，他还需治疗，但杜家实在已经山穷水尽，他不能再继续借钱治病了。

　　杜小康还从未领略过如此深切的孤独。

　　但杜小康毕竟是杜小康。他不能自己怜悯自己，更不能让其他人来怜悯他。他只能是傲慢的杜小康，玩得快活的杜小康。

　　当他听到对岸的读书声、吵闹声，感觉到大家在他退学之后，一切都如往常，并不当一回事儿之后，他开始在河边大声唱歌。他把在文艺宣传队学的那些歌，一个一个地都唱了。唱了一遍，再唱一遍。**怕对岸的孩子们没有听见，他爬到了岸边的一棵大树上。这棵大树有几根粗粗的横枝，几乎横到河心。他坐在横枝上，一下子与教室拉近了，就仿佛站到了教室的后窗下。**他演过机智的侦察英雄，演过英武过人的连长。他依然记着桑乔在排练节目时的话："想着自己是个英雄，是个了不起的人，走步时，要大步流星，头要高高地昂着，望着天空，天空有云，你

这时候的小康，还在勉力维持他的骄傲和尊严。

杜小康很孤独，但他的骄傲和自尊让他不能"低头"，所以他只能假装一个人玩得很开心。

杜小康很留恋学校，渴望被听见，被看见，纵然不能重回教室，能够离近一些，也是一种安慰。

就要把自己想成是个能够腾云驾雾的人。谁能和你比呀，你是个英雄。英雄不想那些没用的小事，英雄只想大事，一想大事呀，就觉得自己忽然比别人高大，高大许多，而别人在你眼里呢，明明是个高高大大的人，就忽然变得渺小了。你要这么看人，这么看，就仿佛你站在台子上，所有的人，都站在台子下。你想呀，你可不是个一般人。**你想到你不是个一般的人，你还不觉得骄傲吗？还能不激动吗？人一激动，就会鼻头酸溜溜的，眼睛就红了，就模模糊糊地只看见人影了……**"他就这样唱下去，唱到高潮时，他就会站在横枝上，用一只手扶住在头顶上的另一根斜枝，真的唱得让自己都感动了。

▶ 桑乔校长作为导演很善于调动小演员的情绪，的确如此，想要感动观众，演员的自我感动很重要。

秃鹤说："杜小康在唱戏。"

大家都听见了，不听老师讲课了，就听杜小康唱。

"杜小康还那么快活。"

孩子们就在心里佩服起杜小康来。

老师也不讲课了，就等杜小康把歌唱完。但杜小康却没完没了。**老师就推开教室的窗子："喂，杜小康，号什么呢？"**

▶ 一个"号"字表达出老师对杜小康没完没了唱歌的不满。

杜小康很尴尬。他不唱了。但不知道自己是留在横枝上好呢还是回到岸上去好。后来，他就坐在横枝上，将身子靠在另一根稍微高一些的横枝上，做出一副舒适而闲散的样子。"我要晒太阳。"双腿垂挂，一副懒洋洋的样子。他歪着脑袋，半眯着眼睛，看着河水。

河水在树枝下淙淙流淌着。一根柔软的细枝垂到了水里，几条身体修长柔韧的小鱼，一会儿用嘴去吮那根枝条，一会儿又一个一个首尾相衔地绕着那根枝条转着圈儿。偶然来了一阵风，那几条小鱼一惊，一忽闪不见了。

▶ 此处风景描写与柳宗元的《小石潭记》描写小鱼"怡然不动，俶尔远逝，往来翕忽"有异曲同工之妙。对比来读，小鱼活泼机灵的样子跃然纸上。

但过不一会儿，又悠悠地游到了水面上。

中午放学了。

不少孩子站到了河边上，望着杜小康，觉得他真是舒服，心里就想：我要是也能不上学就好了。

放了学的桑桑弄船到河心钓鱼去，随风将小船漂到了那棵大树下。

自从杜小康不上学以后，桑桑和他倒忽然地变得不像从前那么隔阂了。桑桑总记住那天杜小康带他父亲看病去，撑着小船从他眼前经过的情景。**桑桑永远是一个善良的孩子。那一刻，过去的事情立即烟消云散了。而杜小康在看到桑桑站在河边上久久地望着他时，也忽然地觉得，他最好的一个同学，其实是桑桑。**

"杜小康，你坐在这里干什么？"桑桑伸手抓住树枝，不让船再随风漂去了。

"我晒太阳。"他睁开眼睛，"不上学真好。"

桑桑从来就是一个不爱读书的孩子，他竟然觉得杜小康说的，是一句他心里总想说的话。

"读书真没有意思，总是上课、上课、上课，总是做作业、做作业、做作业，总是考试、考试、考试，考不好，回家还得挨打。现在，我不上学了。我整天玩，怎么玩也玩不够。昨天，我去后面塘里抓鱼了，我抓了一条三斤重的黑鱼。抓不住它，劲太大了。我用整个身子压住它，才把它压住了。等它没有力气了，才起来抓住它……"

桑桑羡慕起杜小康来。他将船绳拴在树枝上，双手抓住树枝，身子一收缩，就翻到了树枝上，也坐在树枝上晒起太阳来。

善良是桑桑最优秀的品质，这也是他作为线索人物能够串联全书所有人物的关键所在。

杜小康心里想念着学校和同学们，却表现出一副无所谓的悠闲模样，是不愿让人看出自己的失落。单纯的桑桑没有看出这一点，他还不知道杜小康心中的渴望。两个人的心理形成对比。

二

不久，杜小康就不能将他扮演的形象，再坚持下去了。别人不信，他自己当然更不信。

杜小康又待在红门里，不常出来了。出来时，也不再像从前那样精精神神的了。杜小康还没有长到能够长久地扮演一种形象的年纪。他到底还是个孩子。他无法坚持太久。他必然会很快要显出他的真相来。

这天，他终于对母亲说："我要读书。"

母亲说："我们家已不再是从前了。"

"我们家再开商店嘛！"

"钱呢？"

"借嘛。"

"借？能借的都借了。还欠了那么多钱呢？你没有看见人家天天找上门来要债？再说了，有钱也不能开商店了。"

"为什么？"

"已有人家开商店了。路口上，大桥头，好地方。"

"我不管。我要读书！"

"读不了。"

"我就要读嘛。"

"读不了！"

"我成绩很好，我是班上第一名。"杜小康哭了。

母亲也哭了："哪儿还能让你读书呀？过些日子，你连玩都不能玩了。你也要给家里做事。要还人家债，一屁

对话很简短，但是对于小康来说，每一句都是难以接受的残酷现实。骄傲的小康不得不接受生活的磨砺。

优异的学习成绩曾是杜小康骄傲的资本，他热爱读书，他想重新找到学习的成就感和满足感。

股债。"

当杜小康终于彻底清楚他已与学校无缘后，他蔫了。油麻地的孩子们再看到杜小康时，他已是一副邋遢样子：衣服扣子没有扣上，裤带没有插进裤鼻儿而耷拉着，鞋子趿拉在脚上，头发也乱糟糟的。他倒也不总在红门里待着了，就这个样子，在村子里晃来荡去。见了同学，他也不躲避，甚至也不觉得有什么羞愧。如果晚上捉迷藏，缺一个人，让他参加，无论是什么角色，他也不拒绝。他甚至慢慢变得有点讨好他们了。他生怕他们不让他参加。那天，朱小鼓一边走在桥上，一边伸手到书包里取东西，不小心将书包口弄朝下了，书本全都倒了出来，其中一本掉到了河里。杜小康正无所事事地站在桥头上，说："我来帮你捞。"拿了根竹竿，脱了鞋和长裤，只穿件小裤衩，光腿走到水里，给朱小鼓将那本书捞了上来。

在与他的同学玩耍时，他总是打听学校和他们的学习情况："学校排戏了吗？""谁当班长？""上到第几课了？""作业多吗？""班上现在谁成绩最好？"……

有时，他会去找放羊的细马玩。但玩了几次就不玩了。因为他与细马不一样。细马是自己不愿意上学。而且，细马确实也喜欢放羊。而他杜小康不是这样的。他喜欢学校，喜欢读书。他是因为家中突陷无奈而被迫停学的。

那是一天中午，桑桑一手托着饭碗，走出了院子。他一边吃饭，一边望着天空的鸽子。有两只刚出窝的雏鸽，随着大队鸽子在天空飞了几圈，终于体力不支，未能等到飞回家，就先落在了桑桑他们教室的屋顶上。桑桑就托着饭碗走过去。他要等它们稍作休息之后，将它们轰起，让它们早点飞回家。要不，等下午同学们都上学来了，准会有人要拿石子、砖头去砸它们的。当他穿过竹林，出现在教室后面时，他看到了杜小康。

"你在这儿干什么呢？"桑桑问。

"我家的一只鸭子不见了，怕它游过河来，我来竹林里找找它。"

岸边停了一只小木船。杜小康没有与桑桑说几句话，匆匆忙忙上了小船，回到对岸去了。

下午上课时，靠北窗口的一个女生不停地翻她的书包，好像在找什么东西。上课的老师问她找什么。她说："我的课本全丢了。"

老师问："其他同学，是不是拿错了？都看一看。"

结果是谁也没有多出一本课本。

那个女孩就哭了起来，因为那时候的课本，都是按人数订的，很难多出一套来。如果她没有课本，也就意味着在整个这一学期，就只能与他人合用课本了。而谁也不愿意将自己的课本与人合用的。

"先别哭。你回忆一下，你今天上学时，带课本来了吗？"老师问。

"带了。上午还一直用着呢。"

老师问邻桌的同学情况是否如此，邻桌的同学都点头说见到了。

这时，桑桑突然想起他来轰赶鸽子时见到的一个情景：教室的后窗在风里来回摇摆着。

桑桑的眼前，又出现了神色慌张的杜小康。

下了课，桑桑走到教室后面。他看了看窗台。他在窗台上看到了两只脚印。

桑桑想到了谁有偷书嫌疑，又通过窗台的"两只脚印"，进一步证实了自己的猜想。

桑桑此刻的沉默，不单单是因为他与小康的友谊，更是因为善良，因为悲悯。

小康偷课本也是无奈，他希望通过自学，不落下功课。

瑟瑟发抖，指因寒冷或害怕而不停地哆嗦。偷书被发现的小康，双手冰凉，不断地颤抖，这是因为恐惧，更是因为羞耻。骄傲的小康，优秀的小康，无畏的小康，因为热爱学习，辍学后不得已偷书，是全书中令人心痛的一个情节。

这是杜雍和的家族荣誉感，他不能将祖宗留下来的基业败在自己手里，他要重振家业。

桑桑想将他心里想到的都告诉老师。但桑桑终于没说。桑桑的眼前，总有杜小康吃力而无神地撑着木船的形象。

杜小康还抱着一份幻想：他要上学。

他不能把课落下。他要自学。等能上学时，他仍然还是一个成绩特别好的学生。

一个月后，当桑桑到大红门里去找杜小康，在杜小康家无意中发现了那个女孩的课本时，正被从院子里进来的杜小康看到了。杜小康一步一步地走过来，突然抓住桑桑的手，克制不住地哭起来。**桑桑直觉得他的双手冰凉，并在瑟瑟发抖。**

桑桑说："我不说，我不说……"

杜小康将头垂得很低很低，泪水滴滴答答地落在了地上。

桑桑走出了红门。

三

当杜雍和终于能行走时，他由祖上承继来的那种对财富的不可遏制的欲望，使他将自己的儿子也卷入了一场梦想。他决心将沉没于深水的财富以及由它带来的优越、自足与尊敬，重新找回来。早在他无奈地躺在病榻上时，他就在心中日夜暗暗筹划了。**油麻地最富庶的一户人家，败也不能败在他的手中。大红门是永远的。**他拉着拐棍，走了所有的亲戚和所有他认为欠过他人情的人家，恳求他们帮助他渡过难关。他要借钱。他发誓，钱若还不上，他拆屋子还。他终于又筹集到了一笔款。春天，他从鸭坊买下了五百只小鸭。他曾在年轻时放过鸭。他有的是养鸭的经验。他要把这些鸭子好好养大，到了秋天，它们就能下蛋了。

当杜雍和对杜小康说"以后，你和我一起去放鸭"时，杜小康几乎是哭喊着："我要读书！"

一直对独生子宠爱无边的杜雍和，因为这场灾难，变得不像从前了。他脾气变得十分暴烈。他冲着杜小康骂了一句，然后说："你只能放鸭！"

当杜小康要跑出门去时，杜雍和一把抓住了他，随即给了他一记耳光。

杜小康觉得眼前一片黑，摇摇晃晃地站住了。他的母亲立即过来，将他拉到了一边。

晚上，杜雍和走到儿子身边："不是我不让你读书，而是拿不出钱来让你读书。家里现在养鸭，就是为了挣钱，挣很多的钱，以后让你安安心心地读书。书，迟读一两年，也不是什么大不了的事。秋天，鸭子就能生蛋了。生了蛋，卖了钱，我们再买五百只鸭……隔个一年两年，家里就会重新有钱的，你就会再去学校读书。要读书，就痛痛快快地读，不要读那个受罪书……"

当小鸭买回家后，杜雍和指着那些毛茸茸的小东西，又向儿子细细地描绘着早藏匿在他胸中的未来图景，几乎又把杜小康带入往日的情景里。

五百只小鸭，在天还略带寒意时，下水了。毛茸茸的小生灵，一惊一乍却又无比欢乐地在碧绿的水面上浮游

为了读书，小康对母亲哭过，又冲病愈后的父亲哭喊着提出要求。

突如其来的灾难，杜雍和显然自己都不能适应变化，巨大的心理落差，会导致人性情大变。面对儿子的哭喊，他痛苦且无奈，选用了最激烈的方式表达愤怒。愤怒，不单单指向儿子，更指向自己，指向命运。

着。当时，河边的垂柳，已带了小小的绿叶，在风中柔韧地飘动。少许几根，垂到水面，风一吹，就又从水上飞起，把小鸭们吓得挤成一团，而等它们终于明白了柳枝并无恶意时，就又围拢过去，要用嘴叼住它。

杜小康非常喜欢。

油麻地村的人都涌到了河边，油麻地小学的师生们也都涌到了河边上。他们静静地观望着。他们从这群小鸭的身上，从杜雍和的脸上看出了杜家恢复往日风光的决心。眼中半是感动，半是妒意。

油麻地人既感动于杜雍和重振家业的决心，佩服他大难后从头再来的勇气，也嫉妒他居然打不垮，再次找到了生财之道。

杜雍和在人群里看到了朱一世。他瞥了朱一世一眼，在心中说：我总有一天会将你的那个杂货铺统统买下来的！杜雍和惦记着的，实际上仍是祖上的行当。

杜小康望着两岸的人群，站在放鸭的小船上。他穿着薄薄的衣服，在河边吹来的凉风中，竟不觉得凉。他的脸上又有了以前的神色与光彩了。

在人群敬慕又带着些许妒意的眼光中，杜小康找回了从前的骄傲，看着小鸭，他也看到了明天的希望，所以"他的脸上又有了以前的神色与光彩了"。

夏天，杜小康跟着父亲，撑着船赶着那群已经长成一斤多的鸭离开了油麻地一带的水面。船是被加工过的，有船篷，有一只烧饭的泥炉。船上有被子、粮食和一些生活必需品。**他们要将鸭子一路放到三百里外的大芦荡去。因为，那边鱼虾多，活食多。鸭子在那里生活，会提前一个月下蛋，并且会生猛地下蛋，甚至会大量地下双黄蛋。那时，就在芦荡围一个鸭栏。鸭蛋就在当地卖掉，到明年春天，再将鸭一路放回油麻地。**

杜雍和很有经济头脑，离家去大芦荡放鸭，是为了获得更好的收益。

当船离开油麻地时，杜小康看到了因为灾难而在愁苦中有了白发的母亲。他朝母亲摇了摇手，让她回去。

此刻的杜小康对未来依然有着美好的期许。他承诺给桑桑带双黄蛋回来，是许诺，是情谊。

将要过大桥时，杜小康还看到了似乎早已等候在桥上的桑桑。他仰起头，对桑桑说："明年春天，我给你带双

黄蛋回来！"

桑桑站在桥上，一直看到杜家父子俩赶着那群鸭，消失在河的尽头。

四

小木船赶着鸭子，不知行驶了多久，当杜小康回头一看，已经不见油麻地时，他居然对父亲说："我不去放鸭了，我要上岸回家……"他站在船上，向后眺望，除了朦朦胧胧的树烟，就什么也没有了。

杜雍和沉着脸，绝不回头去看一眼。他对杜小康带了哭腔的请求置之不理，只是不停地撑着船，将鸭子一个劲赶向前方。

鸭群在船前形成一个倒置的扇面形，奋力向前推进，同时，造成了一个扇面形水流。每只鸭子本身，又有着自己用身体分开的小扇面形水流。它们在大扇面形水流之中，织成了似乎很有规律性的花纹。无论是小扇面形水流，还是大扇面形水流，都很急促有力。船首是一片均匀的、永恒的水声。

杜雍和现在只是要求它们向前游去，不停顿地游去，不肯给它们一点觅食或嬉闹的可能。仿佛只要稍微慢下一点来，他也会像他的儿子一样突然地对前方感到茫然和恐惧，从而也会打消离开油麻地的主意。

前行是纯粹的。

▶ 杜小康毕竟还是孩子，看不见熟悉的家乡，他会恐惧，会退缩，会不顾当时情势，直接表达自己的愿望。

▶ "扇面形"是作者对生活细节的细致观察，此处的描写很有画面感。来源于生活经验的细致观察，使得细节描写十分精准。

▶ 其实成年人也会茫然，也会恐惧，但是生活所迫，杜雍和只能选择硬扛，不给自己迟疑的机会，也不让儿子看到自己的软弱。

熟悉的树木、村庄、桥梁……都在不停地后退，成为杜小康眼中的遥远之物。

终于已经不可能再有回头的念头了。杜雍和这才将船慢慢停下。

已经是陌生的天空和陌生的水面。偶然行过去一只船，那船上的人已是杜雍和杜小康从未见过的面孔了。

鸭们不管。它们只要有水就行。水就是它们永远的故乡。它们开始觅食。觅食之后，忽然有了兴致，就朝着这片天空叫上几声。没有其他声音，天地又如此空旷，因此，这叫声既显得寂寞，又使人感到振奋。

杜小康已不可能再去想他的油麻地。现在，占据他心灵的全部是前方：还要走多远？前方是什么样子？前方是未知的。未知的东西，似乎更能撩逗一个少年的心思。他盘腿坐在船头上，望着一片茫茫的水。

已是下午三点钟，太阳依然那么耀眼，晒得杜雍和昏沉沉的。他坐在船尾，抱住双腿，竟然睡着了。小船就在风的推动下，不由自主地向前漂去。速度缓慢，懒洋洋的。鸭们，对于这样的速度非常喜欢。因为，它们在前行中，一样可以自由地觅食和嬉闹。

这种似乎失去了主意的漂流，一直维持到夕阳西下，河水被落日的余辉映得一片火红。

四周只是草滩或凹地，已无一户人家。

因为还未到达目的地，今天晚上的鸭子不可能有鸭栏。它们只能像主人的船一样，漂浮在水面上。

为了安全，木船没有靠到岸边，而是停在河心。杜雍和使劲将竹竿插入泥里，使它成为拴船绳的固定物。

黄昏，船舱里的小泥炉，飘起第一缕炊烟，它是这里

成年人也有软弱犹疑，有时候也要把自己逼到没有回头路可走的境地。

这一段描写非常贴合父子俩的心境，寂寞是当下的处境，振奋是前路的光明。鸭们是杜家重新振作起来的全部希望。

杜小康未知的前方，荒无人烟，或许这有点儿出乎他的预料。

"唯一的炊烟"表明芦苇荡荒无人烟，小康和父亲置身于巨大的孤独之中。

的唯一的炊烟。它们在晚风里向水面飘去，然后又贴着水面，慢慢飘去。当锅中的饭已经煮熟时，河水因晒了一天太阳，而开始飘起炊烟一样的热气。此时，热气与炊烟，就再也无法分得清楚了。

月亮从河的东头飘上空中时，杜雍和父子俩已经开始吃饭。

在无依无靠的船上吃饭，且又是在千古不变的月光下，杜小康端着饭碗，心里总觉得寂寞。他往嘴里拨着饭，但并不清楚这饭的滋味。

杜雍和吃得也很慢。吃一阵，还会停一阵。他总是抬头望着东方他们的船离开的那一片天空——月亮正挂在那片天空上。他可能在想象着月光下的油麻地在此时此刻的情景。

鸭们十分乖巧。也正是在夜幕下的大水上，它们才忽然觉得自己已成了无家的漂游者了。它们将主人的船团团围住，唯恐自己与这只唯一的使它们感到还有依托的小船分开。它们把嘴插在翅膀里，一副睡觉绝不让主人操心的样子。**有时，它们会将头从翅膀里拔出，看一眼船上的主人。知道一老一小，都还在船上，才又将头重新放回翅膀里。**

长长的竹篙，把一条直而细长的影子投照在河面上，微风一吹，它们又孤独而优美地弯曲在水面上。

杜小康和父亲之间，只有一些干巴巴的对话："饱了吗？""饱了。""你饱了吗？""我饱了。""就在河里洗碗？""就在河里洗碗。""困吗？""不困。"……

父子俩都不想很快地去睡觉。

杜小康想听到声音，牛叫或者狗吠。然而，这不

> 小康觉得很寂寞，杜雍和也在想家，父子俩在夜幕下的大水上，孤舟中，陪伴他们的只有一群鸭子。

> 这个细节写出了小鸭的可爱机灵，也多了几分人和鸭相互依靠的温暖。

> 远离人群，生活变得异常简单，对话也变得越来越干巴，这也证明，很多时候，人是群体动物，需要不断从外界吸收新鲜的信息，生存才有质量。

可能。

等杜小康终于有了倦意，躺到船舱里的席子上时，竹篙的影子只剩下几尺长了——月亮已快升到头顶上了。

以后的几天，都是这一天的重复。

有时，也会路过一个村庄，但，无论是杜雍和还是杜小康，都没有特别强烈的靠岸的欲望。**因为，村庄是陌生的。它们与陌生的天空和陌生的河流并没有实质性的区别。他们索性只是站在船上，望一望那个村庄，依然去赶他们的路。**

不时地，遇到一只船，船上人的口音，已很异样了。

这一天，他们终于到达了目的地。

这才是真正的芦荡。是杜小康从未见过的芦荡。到达这里时，已是傍晚。**当杜小康一眼望去，看到芦苇如绿色的浪潮直涌到天边时，他害怕了——这是他出门以来第一回真正地感到害怕。芦荡如万重大山围住了小船。杜小康有一种永远逃不走了的感觉。他望着父亲，眼中露出了一个孩子的胆怯。**

父亲显然也是有所慌张的。但他在儿子面前，必须显得镇静。他告诉杜小康，芦苇丛里有芦雁的窝，明天，他可以去捡芦雁的蛋；有兔子，这里的兔子，毛色与芦苇相似，即使它就在你眼前蹲着，你也未必能一眼发现它……

吃完饭，杜小康才稍稍从恐慌中安静下来。

这里的气味，倒是很好闻的。万顷芦苇，且又是在夏季青森森一片时，空气里满是清香。芦苇丛中还有一种不知名的香草，一缕一缕地掺杂在芦叶的清香里，使杜小康不时地去用劲嗅着。

水边的芦叶里，飞着无数萤火虫。有时，它们几十只

杜小康觉得在这船上实在太安静、太孤独了，为此他希望听到一点点声音打破这种静默，哪怕不是人声，只是司空见惯的牛叫、狗吠都行，但这点儿愿望都难以实现。

当一切都变得陌生时，连村庄中的人烟都不会带来亲近感。

芦荡的浩大震撼了小康，使他不自觉地害怕。

慌张的父亲，竭力保持镇静，努力以芦荡的有趣抚慰儿子。纵然杜雍和不能够像家境般实的时候，对儿子百般宠爱、有求必应，但父爱并没有被灾难消磨，只是换了一种形式存在。

几百只地聚集在一起时，居然能把水面照亮，使杜小康能看见一只水鸟正浮在水面上。

但，这一切无论如何也不能完全驱除杜小康的恐慌。夜里睡觉时，他紧紧地挨着父亲，并且迟迟不能入睡。

第二天，父子俩登上芦苇滩，找了一个合适的地方，用镰刀割倒一大片芦苇，然后将它们扎成把。忙了整整一天，给鸭们围了一个鸭栏，也为他们自己搭了一个小窝棚。从此，他们将以这里为家，在这一带芦荡放鸭，直到明年春天。

五

日子一天一天地过去了，父子俩也一天一天地感觉到，他们最大的敌人，也正在一步一步地向他们逼近：它就是孤独。

与这种孤独相比，杜小康退学后将自己关在红门里面产生的那点孤独，简直就算不得是孤独了。他们能一连十多天遇不到一个人。杜小康只能与父亲说说话。奇怪的是，他和父亲之间的对话，变得越来越单调，越来越干巴巴的了。除了必要的对话，他们几乎不知道再说些其他什么话，而且，原先看来是必要的对话，现在也可以通过眼神或者干脆连眼神都不必给予，双方就能明白一切。言语被大量地省略了。这种省略，只能进一步强化似乎满世界都注满了的孤独。

▶ 芦苇荡中就像远离人烟的另一个世界，无数飞舞的萤火虫聚集在一起，数量多到能把水面照亮，还有浮在水面上的水鸟，构成了一幅梦幻、神秘的画。

▶ 比起物质条件上的匮乏，心灵深处的孤独才是更大的敌人，孤独带给人的折磨比环境的艰苦更难以承受。

▶ 干巴巴的对话、眼神能传达信息，这些行为反映出了父子两人生活的单调与乏味。在极致的孤独中，人们会失去对话和言语的能力，在极致的安静中又会加重这种孤独。

杜小康开始想家，并且日甚一日地变得迫切，直至夜里做梦看到母亲，哇哇大哭起来，将父亲惊醒。

"我要回家……"

杜雍和不再乱发脾气。他觉得自己将这么小小年纪的一个孩子，拉进他这样一个计划里，未免有点残酷了。他觉得对不住儿子。但他现在除了用大手去抚摩儿子的头，也别无他法。他对杜小康说："明年春天之前就回家，柳树还没有发芽时就回家……"他甚至向儿子保证，"我要让你读书，无忧无虑地读书……"

后来，父子俩都在心里清楚了这一点：他们已根本不可能回避孤独了。这样反而好了。时间一久，再面对天空一片浮云，再面对这浩浩荡荡的芦苇，再面对这一缕炊烟，就不再忽然地恐慌起来。

他们还各自创造和共同创造了许多消解孤独的办法：父子俩一起出发走进芦苇丛里，看谁捡的雁蛋多；他们用芦苇扎成把，然后堆成高高的芦苇塔，爬上去，居然看到好几个散落在芦苇丛里的人家和村落；杜小康用芦苇编了几十只小笼子，又捉了几十只只有这里的芦苇丛里才有的那种身材优美的纺纱娘放入笼中，使寂静的夜晚，能听到它们此起彼伏的鸣叫……

鸭子在这里长得飞快。很快就有了成年鸭子的样子。当它们全部浮在水面上时，居然已经是一大片了。

杜小康注定了要在这里接受磨难。给他带来磨难的，正是这些由他和父亲精心照料而长得如此肥硕的鸭子。

那天，是他们离家以来所遇到的一个最恶劣的天气。一早上，天就阴沉下来。天黑，河水也黑，芦苇成了一片黑海。杜小康甚至觉得风也是黑的。临近中午时，雷声已如万辆战车从天边滚动过来，过不一会儿，暴风雨就歇斯底里地开始了，顿时，天昏地暗，仿佛世界已到了末日。四下里，一片呼呼的风声和千万支芦苇被风撅断的咔嚓声。

鸭栏忽然被风吹开了，等父子俩一起扑上去，企图修复它时，一阵旋风，几乎将鸭栏卷到了天上。**杜雍和大叫了一声"我的鸭子"，几乎晕倒在地上。因为，他看到，鸭群被分成了无数股，一下子就在他眼前消失了。**

杜小康忘记了父亲，朝一股鸭子追去。这股鸭子大概有六七十只。它们在轰隆隆的雷声中，仓皇逃窜着。**他紧紧地跟随着它们。他不停地用手拨着眼前的芦苇。即使这样，脸还是一次又一次地被芦苇叶割破了。他感到脚钻心地疼痛。他顾不得去察看一下。他知道，这是头年的芦苇旧茬儿戳破了他的脚。他一边追，一边呼唤着他的鸭子。**然而这群平时很温顺的小东西，今天却都疯了一样，只顾没头没脑地乱窜。

他费了很大的力气，才将这群鸭重新又赶回到原先的地方。

这群鸭似乎还记得这儿曾是它们的家，就站在那儿，惶惶不安地叫唤。

杜小康喊着父亲，却没有得到父亲的回答。父亲去追另一股鸭了。他只好一个人去扶已倒下的鸭栏。他在扶鸭栏的同时，嘴里不住地对那些鸭子说："好乖乖，马上就好了，你们马上就有家了……"

父亲也赶着一股鸭回来了。两股鸭立即会合到一起，大声叫着，仿佛是两支队伍会合一般。

杜小康和父亲一道扶起鸭栏，将已找回来的鸭赶进栏

▶ 鸭子是杜雍和重振家业的希望，鸭子被吹散，意味着这个希望的渺茫和破灭，杜雍和难以承受突如其来的打击，"几乎晕倒在地上"。

▶ 杜小康知道鸭子就是希望，所以即便脸被芦苇叶割破、脚被芦苇旧茬儿戳破了，他还是坚持紧紧跟随着鸭子。这里可见证杜小康的成长和担当。

▶ 杜小康追回鸭子的第一反应还是寻找父亲，但寻不到父亲，他只得继续一个人撑下去，一个人扶好鸭栏，安抚受惊的鸭子。他已经逐渐学会了独立。

里后，又赶紧去找那些不知去向的鸭——大部分鸭还没有被赶回来。

到暴风雨将歇时，依然还有十几只鸭没被找回来。

杜雍和望着儿子一脸的伤痕和冻得发紫的双唇，说："你进窝棚里歇一会儿，我去找。"

杜小康摇摇头："还是分头去找吧。"说完，就又走了。

天黑了。空手回到窝棚的杜雍和没有见到杜小康，他就大声叫起来。但除了雨后的寂静之外，没有任何回应。他就朝杜小康走去的方向，寻找过去。

杜小康找到了那十几只鸭，但在芦荡里迷路了。一样的芦苇，一样重重叠叠无边无际。鸭们东钻西钻，不一会儿工夫就使他失去了方向。眼见着天黑了。他停住了，大声地呼喊着父亲。就像父亲听不到他的回应一样，他也不能听到父亲的回应。

杜小康突然感觉到他已累极了，将一些芦苇踩倒，躺了下来。

那十几只受了惊的鸭，居然一步不离地挨着主人蹲了下来。

杜小康闻到了一股鸭身上的羽绒气味。他把头歪过去，几乎把脸埋进了一只鸭的蓬松的羽毛里。他哭了起来，但并不是悲哀。他说不明白自己为什么想哭。

雨后天晴，天空比任何一个夜晚都要明亮。杜小康长这么大，还从未见过蓝成这样的天空。而月亮又是那么的明亮。

杜小康顺手抠了几根白嫩的芦苇根，在嘴里甜津津地嚼着，望着异乡的天空，心中不免又想起母亲，想起桑桑

杜雍和体贴儿子一脸的伤痕，但是此刻的小康颇有担当，"分头去找"不仅能加快寻找的速度，还能够加大找到的胜算。

杜小康的眼泪十分复杂，有离家遥远的思念、孤独的宣泄、刚经历暴风雨的恐惧、肉体的疼痛、此刻鸭子们的温暖依靠带来的感动等等情绪，交织在一起。

或许，并不是天空更蓝了，也不是月亮更明亮了，只是杜小康经历了一场"雨过天晴"般的灾难，内心更加清明宁静。

和许多油麻地的孩子。但他没有哭。他觉得自己突然地长大了，坚强了。

第二天早晨，杜雍和找到了杜小康。当时杜小康正在芦苇上静静地躺着。不知是因为太困了，还是因为他又饿又累坚持不住了，杜雍和居然没有能够将他叫醒。杜雍和背起了疲软的儿子，朝窝棚方向走去。**杜小康的一只脚板底，还在一滴一滴地流血，血滴在草上，滴在父亲的脚印里，也滴在跟在他们身后的那群鸭的羽毛上……**

> 杜小康的成长中有"流血"的代价。

鸭们也长大了，长成了真正的鸭。它们的羽毛开始变得鲜亮，并且变得稠密，一滴水也不能泼进了。**公鸭们变得更加漂亮，深浅不一样的蓝羽、紫羽，在阳光下犹如软缎一样的闪闪发光。**

> 此处运用比喻，生动形象地描绘公鸭羽毛的光亮程度，公鸭们的漂亮身姿，也反映出杜雍和父子看到鸭子长成后的喜悦和欣慰。

八月的一天早晨，杜小康打开鸭栏，让鸭们走到水中时，他突然在草里看到了一颗白色的东西。他惊喜地跑过去捡起，然后朝窝棚大叫："蛋！爸！鸭蛋！鸭下蛋了！"

杜雍和从儿子手中接过还有点温热的蛋，嘴里不住地说："下蛋了，下蛋了……"

> 此处的省略号的使用，是为了表达语义的重复，重复是强调，更是难以表达的惊喜。

六

在杜小康和父亲离开油麻地的最初几天里，桑桑还时常想起杜小康。但时间一长，他也就将他淡忘了。桑桑有鸽子，有细马，有阿恕和秃鹤，有很多很多的同学，还有连杜小康的母亲都不知道爷儿俩的准确信息，可见大芦荡的荒凉，侧面表现出杜雍和父子已跟外界隔绝。

父亲是个出色的校长，学校生活占据了他几乎全部的心思，使得他忽略了儿子。

被抬回来，可见杜雍和病势沉重。此处的手法颇有电影感觉。上一个镜头，杜雍和还沉醉于鸭刚刚下蛋的喜悦中，此刻，他已经不能站立行走。

许多事情可做。桑桑不可能总去想着杜小康。他只是偶尔想起他来。但一有事情可做，又立即不再去想他了。

油麻地的人也一样，只是在碰到杜小康的母亲时，才会想起问一声："他爷儿俩怎么样了？"杜小康的母亲总是说："不知道呢。也没有个信回来。"

秋后，秋庄稼都已收割，本来就很开阔的大平原，变得更加开阔，开阔得让人心里发空。油麻地人的日子，似乎比任何一个季节都显得平淡。劳作之后的疲劳，日益加深的寒意，满目正在枯萎的作物，使人有一种日子过到尽头的感觉。

桑桑生病了。他的脖子有点僵硬，并且隐隐约约地时常感到有点疼痛。母亲对父亲说了这个情况，但父亲似乎没有在意。母亲就带他去了油麻地地方上的小门诊室。医生摸了摸桑桑的脖子，说："怕是有炎症。"就让桑桑打几天消炎针再说。这天，桑桑打完针往家走时，听到了一个传闻：杜雍和父子放鸭，不小心将鸭放进了人家的大鱼塘，把人家放养的小鱼苗都吃光了，鸭子与船统统被当地人扣留了。

桑桑回家，把这一传闻告诉了母亲。母亲叹息了一声："杜家算是完了。"

桑桑天天去打针，几乎天天能听到那个传闻。他去过红门，但红门一直闭着。

这传闻传了几天，就不传了，好像是个谣言。桑桑心里又不再有杜小康，一有空就和阿恕到收割了庄稼的地里疯玩，要不就和细马放羊去。

又过了些日子，这天傍晚，桑桑提了个酱油瓶去朱一世的杂货铺打酱油，刚走上大桥，就听村里有人说："快

去看看，杜雍和被抬回来了！"等桑桑过了桥，就有很多人在传："杜雍和回来了！"而孩子们则在传："杜小康回来了！"

人们都在朝红门方向走。

桑桑抓着酱油瓶，快速跑到了许多人的前头。

村后有一条通向远方的路。路口正对着杜小康家所在的这条村巷。巷口都是人，把桑桑的视线挡住了，根本看不见那条路。

红门开着无人管。

"回来了！""回来了！"

桑桑看到那巷口的人坝，像被一股洪水冲决了似的，忽然地打开了。

两个大汉抬着一块门板，门板上躺着杜雍和。杜小康和母亲跟在门板后面。

桑桑把脑袋挤在人缝里，往外看着。

抬门板的大概是杜小康家的亲戚。他们和杜小康的母亲一起去了芦荡，将杜雍和杜小康接了回来。

躺在门板上的杜雍和，瘦得只剩下一袭骨架。他的颧骨本就高，现在显得更高，嘴巴瘦陷下去，形成了阴影。头发枯干，颜色像秋后霜草丛里的兔毛。高眉骨下的双眼，透出一股荒凉式的平静。

走在后面的杜小康，好像又长高了。裤管显得很短，膝盖和屁股，都有洞或裂口，衣服上缺了许多纽扣，袖口破了，飘着布条。头发很长，与杜雍和的头发一样的枯干，但却黑得发乌，脖子已多日不洗，黑乎乎的。面容清瘦，但一双眼睛却出奇地亮，并透出一种油麻地的任何一个孩子都不可能有的早熟之神。他双手抱着一只小小的柳

> 桑桑虽然孩子心性变化万端，注意力不断转换，但他听到杜小康回来的消息，跑在许多人前头，可见心里对朋友的挂念。

> 我们往往会用"潮水"来形容人流众多，而这里更进一步，聚集的人群是"人坝"，散开了的一个通道就是"被洪水冲决了"打开的口子，巧妙的比喻。

> 此处形象与杜小康出场时的形象形成鲜明对比，曾经他是个家境优渥的孩子，聪明优秀，颇有优越感，此时，他衣衫破旧，面容清瘦，但眼睛里有了更多内容。

篮，小心翼翼地，仿佛那只篮里装了什么脆弱而又贵重的东西。

桑桑看到了杜小康。但杜小康似乎没有看到他，在众人抚慰的目光下，走进了红门。

第二天一早，桑桑的母亲一开门，就看到杜小康抱着一只柳篮站在门口。

"师娘，桑桑起来了吗？"

桑桑的母亲，一边将杜小康拉进院里，一边朝屋里叫着："桑桑，小康来啦！"

桑桑连忙从床上蹦到地上，鞋也没穿，一边揉着眼睛，一边往外跑。

杜小康将柳篮送到桑桑手上："里面有五只鸭蛋，都是双黄的。"

这五只鸭蛋，大概是杜小康从大芦荡带回来的全部财富。

桑桑低下头去。他看到五只很大的、颜色青青的鸭蛋，正静静地躺在松软的芦花上。

七

桑桑现在所见到的杜小康，已经不是过去的杜小康了。

对于杜小康来讲，无论到哪一天，他也不会忘记在芦荡度过的那几个月——

那是一个荒无人烟的世界。天空、芦荡、大水、狂风、暴雨、鸭子、孤独、忧伤、生病、寒冷、饥饿……这一切，既困扰、磨难着杜小康，但也在教养、启示着杜小康。当杜雍和因为鸭群连续几次误入人家的鱼塘，几乎吃尽了塘中刚放养的几万尾鱼苗，被愤怒的当地人扣下小船与整个鸭群，而陷入一贫如洗的绝望时，他万万不会想到这段时间的生活给了儿子多少珍贵的财富！杜雍和不吃不喝地躺在鱼塘边上时，杜小康也一动不动地坐在了他的身边。**他有父亲的悲伤，却并无父亲的绝望。现在，倒什么也不怕了。他坐在那里，既没有向人家哀求，也没有向人家发怒。他反而觉得父亲这样做是没有必要的。因为他们的鸭子毁掉了几十户人家的一片希望，就像他们也被毁掉了希望一样。**杜小康是坐在那里咀嚼着油麻地的任何一个孩子都不会去咀嚼的，由大芦荡给予他的那些美丽而残酷的题目。他不可能立即领悟，但他确实比油麻地的孩子们提前懂得了许多……

桑桑现在再见到的杜小康，已经是一个远远大于他的孩子了。

当桑桑向杜小康问起他以后怎么办时，杜小康并没有太大的惊慌与悲哀。他与桑桑坐在打麦场上的石磙上，向桑桑说着他心中的打算。他至少有十项计划，而他最倾向于做的一个计划是：在油麻地小学门口摆个小摊子卖东西。

而这个计划是桑桑最感吃惊的一个计划：他怎么能在学校门口，当着大家的面做小买卖呢？满眼全是他的同学呀！

杜小康却是一副很坦然的样子："你是怕大家笑

▶ 此处，小康的沉静与父亲的绝望形成对比，杜雍和的绝望是因为一而再的打击摧毁了心志，小康还是少年，他悲伤但是并不绝望，因为还有明天需要继续坚强。小康能够看到鸭子毁了别人的希望，正如自家的希望破灭一样，这显示了强大的共情能力，小康的确不一般，明日可期。

▶ 经历了生活带来的许多磨难之后，杜小康已经学会用淡然、平静的态度去面对当下，计划未来，不再像从前那样轻易露出孩子的惊慌、恐惧。

话我？"

"大家不会笑话你的。"

"那怕什么？就是笑话我，我也不在乎。"

杜小康向桑桑详细地说明了他的计划："我们家开了那么多年的小商店，我知道应该进什么货、什么好卖；我在学校门口摆个小摊，那么多学生，买个削笔刀啦，买几块糖啦，谁不愿意出了校门就能买到？……"

桑桑觉得杜小康的计划是有理的。

"那你有钱进货吗？"

"没有。"

"怎么办？"

"能想到办法的。"

桑桑与杜小康分手后，回到家中。晚上，他等鸽子都进窝后，将窝门关上了。他用笼子捉了十只鸽子。桑桑的鸽子，都是漂亮的鸽子。第二天一早，他提了笼子，去镇上，将这些鸽子卖给了一个叫"喜子"的养鸽人。他拿了鸽子卖得的二十元钱，直接去找杜小康，将钱统统给了杜小康。

杜小康一手抓着钱，什么话也没说，只是用另一只手抓住桑桑的一只手，使劲地、不停地摇着。

过了一个星期，杜小康在校园门口出现了。他挎一只大柳篮子。柳篮里装了零七八碎的小商品。柳篮上还放了一只扁扁的分了许多格的小木盒。一格一格的，或是不同颜色的糖块，或是小芝麻饼什么的。盒上还插了一块玻璃。玻璃擦得很亮，那些东西在玻璃下显得很好看。

他坐在校门口的小桥头上。**令油麻地小学的老师和学生们都感震惊的是，这个当初在油麻地整日沉浸在一种优**

越感中的杜小康，竟无一丝卑微的神色。他温和、略带羞涩地向那些走过他身旁的老师、学生问好或打招呼。

最初几天，反而是同学们不好意思。因此，几乎没有一点生意。

桑桑替他感到失望。

杜小康安慰桑桑："会有生意的。"那时，杜小康又想起了那次鸭被惊散了，还有最后十几只没有找到的情景，父亲说，算了，找不到了，别找了。他却说，能找到的。结果真的找到了。

芦荡的经历，使得小康异常坚韧。他能够安慰失望的桑桑，说明他自信且强大。

第一个来买杜小康东西的是桑桑。

杜小康无限感激地望着桑桑，会意地笑着。

生意慢慢有了。渐渐地，油麻地的孩子们，再去杜小康那里买东西时，就没有异样的感觉了，仿佛只不过是从一个朋友那里取走一些东西而已。他们可以先不给钱，先在心中记住。而杜小康知道，他们绝不会白拿他的东西的。

杜小康的这份生意，既有商业的互助往来，亦有朋友间的真情和照顾。

那天，学生们都在上课时，桑乔站在办公室的廊下，望着校门外的杜小康，他正在冬季的第一场雪中，稳稳地坐在树下，对另外几个也在廊下望着杜小康的老师说："日后，油麻地最有出息的孩子，也许就是杜小康！"

几次挣扎均告失败之后的杜雍和，在经过一段调养之后，已能走动了。他平和了，眼中已不再有什么欲望。他像一个老人一样，在村里东走走，西走走。

经历了几次挣扎，杜雍和不得已跟命运讲和。他变得平和，也是源于深深的无奈。

红门里，实实在在地成了空屋。

红门里，还欠人家不少债。但债主知道，杜雍和现在也拿不出钱来还他们，也就不急着催他。其中有个债主，自己实在是窘迫，只好登门来要债。见杜家满屋空空，就又不好意思地走了。但最后还是逼得无法，就再一次进了红门。

债主又一次上门。杜雍和感到无限歉意，他表示了自己无能为力。在债主走出红门时，杜雍和一眼注意到了那两扇用上等木材做成的红门。他追出来，将那个债主叫住。

不一会儿，那个债主走回来问："有事吗？"

杜雍和指着红门："值几个钱吧？"

"你这是什么意思？"

杜雍和十分平静："你摘了去吧。"

"那怎么行呀。"

"摘了去吧。我屋里也没有什么东西。这院子有门没有门，也没有多大关系。"

那债主用手摸了摸，敲了敲两扇红门，摇了摇头："我怎么好意思摘下这对门？"

杜雍和说："我对你说，你不把它摘了去，我明天可得给别人了。"

那债主走了。傍晚，他自己没有来，而是让两个儿子来将这对红门摘走了。

与杜小康并排站在院墙下的桑桑，情不自禁地抓住了杜小康的手。

这两扇曾为杜家几代人带来过光彩与自足的红门，随着晃动，在霞光里一闪一闪地亮着。

当这被杜小康看了整整十四年的红门，在他的视野里终于完全消失时，桑桑觉得与自己相握的手，开始微微发颤，并抓握得更紧……

讨债如果到了拆大门的程度，等于剥夺了欠债人的尊严，半点儿情分也不留，总归是有点儿过分。民情淳朴，债主自己不好意思摘下红门。

红门不只是一道门，还承载着杜家几代人的光彩和自足，是杜家兴旺的象征。红门的意义，早已超越这道门本身。

想一想，这时候的杜小康心里会是怎么想的？

讨 论

▼

> 1 <

在芦苇荡放鸭时，杜小康都经历了哪些考验？

"那是一个荒无人烟的世界。天空、芦荡、大水、狂风、暴雨、鸭子、孤独、忧伤、生病、寒冷、饥饿……这一切，既困扰、磨难着杜小康，但也在教养、启示着杜小康。"连续罗列的关键词，写尽了杜小康经历的几个月磨难，字词虽简要，却承载着沉重的力量。

当杜雍和因为鸭群连续几次误入人家的鱼塘，被愤怒的当地人扣下小船与整个鸭群，杜雍和不吃不喝地躺在鱼塘边上时，杜小康也有父亲的悲伤，却并无父亲的绝望。此处，小康的沉静与父亲的绝望形成对比，杜雍和的绝望是因为一而再的打击摧毁了心志，小康还是少年，他悲伤但并不绝望，因为还有明天需要继续坚强。

> 2 <

《红门》中杜小康形象前后发生了怎样的变化？

曾经杜小康家境优越，家底厚实，个头长得高，脸色红润且很健康，有一年四季的衣服，干净清洁，学习成绩好，一直当班长。

家境败落后，小康不得已辍学，失去了在孩子们中间当领头的可能，后来他跟爸爸去放鸭，经历了很多考验，因父亲病重，回到油麻地的小康形象发生了很大改变，他好像长高了，裤管显得很短，膝盖和屁股都有洞或裂口，衣服上缺了许多纽扣，袖口破了，飘着布条。头发很长，与杜雍和的头发一样的枯干，但却黑得发乌，脖子已多日不洗，黑乎乎的。面容清瘦，但一双眼睛却出奇的亮，并透出一种油麻地的任何一个孩子都不可能有的早熟之神。

经历了家境败落，辍学，芦苇荡放鸭等等考验，小康丧失了以往的优越，但他变得更坚强，更冷静，也更豁达。

> 3 <

桑乔校长说："日后，油麻地最有出息的孩子，也许就是杜小康！"他为什么这样说？

小康能够看到鸭子毁了别人的希望，正如自家的希望破灭一样，这显示了强大的共情能力，小康的确不一般，明日可期。

曾经骄傲的、充满优越感的小康能够彻底放下面子，不在乎别人的眼光，务实地重新开始，可喜可贺。

经历苦难却不绝望，纵有悲伤却不丧失热忱，在逆境中依然担当，小康日后不可估量。

第六章

药 寮

▼

导 读：

1. 桑桑生病求医的过程中都发生了哪些事情？

2. 《草房子》的结构有什么特点？

3. 《草房子》有哪些人物，你最喜欢谁？为什么？

一

桑乔出身卑微，对于这一点，油麻地的人几乎谁也不了解——桑乔是从外地调来的。

从前的桑乔家没有一寸土地。桑乔只断断续续念过一年私塾。**桑乔才十几岁，就开始跟着父亲打猎。一年四季，就在芦苇丛里走，在麦地里走，在林子里走，在荒野里走**，眼睛总是瞪得滴溜圆，鼻子也总是到处嗅着。桑乔至今还有每走到一处就嗅嗅鼻子的习惯，并且嗅觉特别灵敏。因此，桑桑家经常发生这样的事：**桑乔从外面回来了，一进屋，就嗅了嗅鼻子说："家里有股骚味。"全家人就都嗅鼻子，但谁也嗅不出什么骚味来。桑乔却一口咬定说："有。"最后，总会找到骚味的来源的，或是被桑桑用被子掩盖了的尿湿了的裤子，或是猫把尿撒了几滴在墙角上。**桑乔打猎，直打到二十五岁。二十五岁时的桑乔，皮肤是烟熏般的黄黑色。在这段岁月里，桑乔足足地领略到了猎人的艰辛与猎人的屈辱。在这个以农耕为本的地方，打猎是一种最低贱的行当。可是，桑乔家无地，他不得不打猎，不得不常常抓着血淋淋的野兔或野鸡，十分不雅地站在集市上向人兜售他的猎物。桑乔是在时刻可见

四个"走"字句形成排比，层次清晰，描写细致，表达出桑乔打猎生活的常态。

通过叙述具体的事件，呈现打猎生活带给桑乔的影响，突出他嗅觉之灵敏。

的鄙夷的目光里长到二十五岁的。二十五岁之前的桑乔，因为不经常与人对话，总在沉默中度过，还落下了一个口吃的毛病。

桑乔从内心里厌恶打猎。桑乔喜欢的是读书识字。**他凭着他一年私塾所学得的几个字，逮到什么书，就拼命去读，去猎获，样子就像跟随在他身边的那条猎狗。**桑乔在河坡上，在麦地里，在树林间，看了无数本他从各处捡来的、搜寻来的、讨来的书。文字以及文字告诉他的故事、道理，就像滚雪球一样，越滚越大。他说话虽然结巴，但人们还是从他的结结巴巴的话里看出了他的不同寻常之处。当到处兴办学校，地方上因一时找不到教书先生而发愁时，居然有人一下子想到了他。

桑乔很快向人们证明了他是一个出色的教书先生。他从一处换到另一处，而每换一处，都是因为他工作的出色。他一个一个台阶地上升着，直至成为一所完全小学的校长。

桑乔十分鄙视自己的历史。他下苦功夫纠正了自己的口吃，尽力清洗着一个猎人的烙印。当他站在讲台上讲课，当他把全体教师召集在一起开会，当他坐在藤椅上教人排戏，竟然没有人再能从他身上看出一丝猎人的痕迹来了。

但他自己，却在心中永远地记着那段历史。

他把那支猎枪留下了。后来的岁月中，不管迁移到什么地方，他总要把这支猎枪挂在外人看不到的房间的黑暗处。

猎枪挂在黑暗里，桑乔却能清清楚楚地看到它。但桑乔看到的不是猎枪，而是一根黑色的鞭子。

▶ 从近处取比喻，用猎狗追寻猎物来比喻桑乔读书的迫切，形象生动。

▶ 桑乔的成功有机遇的成分，但更多源自艰辛的个人奋斗，这种艰辛给他打下了深深的烙印。

▶ 桑乔鄙视自己的历史，但却留下了那杆猎枪，藏到黑暗处，他要牢记那段历史，时时鞭策自己。

在乎很大程度源自匮乏。"猎狗看待猎物"这一比喻形象地写出了桑桑对荣誉的紧盯不放，不容丝毫闪失。

　　桑乔很在乎荣誉。因为桑乔的历史里毫无荣誉。桑乔的历史里只有耻辱。桑乔看待荣誉，就像当年他的猎狗看待猎物。桑乔有一只小木箱子。这只小木箱里装满了他的荣誉：奖状与作为奖品的笔记本。不管是奖状还是笔记本，那上面都有一个让他喜欢的不同级别的大红章。有地方政府这一级的，有县一级的，甚至还有省一级的。无论是奖状，还是笔记本，那上面所写着的都大同小异：奖给先进教育工作者桑乔。**一年里头，桑乔总要在一些特别的时节或时刻，打开箱子来看一看这些奖状和笔记本。那时，巨大的荣誉感，几乎会使他感到晕眩。**

自小缺乏荣誉的桑乔，面对现在荣誉的证明，会幸福到晕眩，这为下文埋下伏笔。

　　现在，是桑桑六年级的上学期。

　　桑桑早看上了父亲小木箱里的笔记本。但一直没有下手。现在，他很想下手。他马上要考初中了。他要好好地准备。**桑桑不管做什么事情，总爱摆谱，总爱把事情做得很大方，很有规格。但也不考虑后果。**他将碗柜改成鸽笼，就是一例。这天晚上，他躺在床上想：我应该有很多本子，生词本、造句本、问答本……他粗算了一下，要有

这也是桑桑的性格特点，他追求完美，希望把事情做得漂亮，却不计后果，也容易闯祸。

10本本子。前天，他曾向母亲要钱去买本子，但被母亲拒绝了："你总买本子！"桑桑沉浸在他的大计划里，激动不已。**这天上午，桑桑趁父亲去镇上开会，终于把小木箱从柜顶上取了下来，然后趁母亲去邱二妈家玩，将它抱到了屋后的草垛下。他撬掉了那把小锁，打开了这只从前只有父亲一人才有权力打开的小木箱。**他把这些差不多都是布面、缎面的笔记本取出来一数，一共12本。他把它们一本一本地摆开，放在草上。自从读书以来，他还从未使用过如此高级的本子。他看着这些笔记本，居然流出一串口水来，滴在了一本笔记本的缎面上。他把一本笔记本打

桑桑趁父母不在家，偷拿小木箱，并且撬锁，一步步都是在冒犯父亲的权威。

开，看到了一枚红红的章子。**他觉得章子挺好看，但却毫无父亲的荣誉感。等他把所有笔记本都打开看了看之后，他开始觉得盖章子的那一页很别扭了。他马上想到的一点就是清除掉这一页。他要把父亲的笔记本变成他桑桑的笔记本。只有这样，他用起来心里才能痛快。**他想撕掉那一页，但试了试，又不太敢，只将其中一本的那一页撕开一寸多长。他把这些笔记本装进了书包。但，心里一直觉得那盖章子的一页是多余的。午饭后，他到底将装笔记本的书包又背到了屋后的草垛下。他取出一本打开，"哗"的一下撕下了那盖章子的一页。那声音很脆，很刺激人。他接着开始撕第二本、第三本……不一会儿，草上就有了十二张纸。十二枚大小不一，但一律很红亮的章子，像十二只瞪得圆圆的眼睛在看着他。**他忽然有点害怕了。他四下里看了看，连忙将这十二张纸搓揉成一团。他想将这一团纸扔到河里，但怕它们散开后被人发现，就索性将它们扔进了黑暗的厕所里。**

下午上课，桑桑的桌上，就有一本又一本让人羡慕的笔记本。

桑乔发现这些笔记本已被桑桑占为己有，是在一个星期之后。那是一个星期天，桑桑还在外面玩耍，柳柳不知要在桑桑的书包里找什么东西，把桑桑书包里的东西全都倒在了床上，被正巧进来的桑乔一眼看见了。他首先发现的是那些笔记本已变薄（桑桑有撕纸的习惯，一个字没写好，就"哗"地撕掉），其中有几本，似乎还只剩下一小半。他再一本本地打开来看，发现那一页一页曾经看了让他陶醉的盖了大红章的纸，都被撕掉了。当即，**他就歇斯底里吼叫起来，吓得柳柳躲在墙角上，捂住耳朵，闭上眼**

可见桑桑具有占有欲和以自我为中心，此时的桑桑很少受挫，不能很好地体贴别人。

桑桑这一行为和前文扔掉白雀的信一样，只想着掩饰错误，他还是个没有长大的孩子。

通过柳柳的反应，读者可以想象桑乔的暴怒。

睛不敢看他。

桑桑回来之后，立即遭到了一顿毒打。桑乔把桑桑关在屋里，抽断了两根树枝，直抽得桑桑尖厉地喊叫。后来，桑乔又用脚去踢他，直将他一脚踢到床肚里。桑桑龟缩在黑暗的角落里瑟瑟发抖地哭着，但是哭声越来越小——他已没有力气哭了，也哭不出声来了。

被关在门外的母亲，终于把门弄开，见桑乔抓着棍子还浑身发颤地守在床前等桑桑出来再继续揍他，拼了命从桑乔手里夺下棍子："你要打死他，就先打死我！"她哭了，把桑桑从床下拉出，护在怀里。

柳柳更是哇哇大哭，仿佛父亲打的不是桑桑，而是她。

桑乔走出门去，站在院子里，脸色苍白，神情沮丧，仿佛十几年用心血换来的荣誉，真的被儿子一下子全都毁掉了。

当天深夜，桑乔一家人，都被桑桑锐利的叫唤声惊醒了。

母亲下了床，点了灯，急忙过来看他。**当她看到桑桑满头大汗，脸已脱色，再一摸他的手，直觉得冰凉时，便大声喊桑乔："他爸，你快起来！你快起来！"**

桑桑用一只手捂着脖子向母亲说着："脖子疼。"

母亲将他的手拿开，看到了他脖子上一个隆起的肿块。这个肿块，她已看到许多日子了。

又一阵针扎一般的疼痛袭击了桑桑，他尖叫了一声，双手死死抓住了母亲的手。母亲坐到床边将他抱起，让他躺在了她怀里。

桑乔站在床边问："这个肿块已长了多少天啦？我怎

母亲的反应非常激烈，但是当时情境下，暴怒的桑乔已然失去了理智，恐怕温和沟通很难拦得住他。

桑乔狠揍了桑桑，但是他此刻的沮丧与悲痛，可能一点儿都不亚于桑桑。联系上下文他对荣誉的珍视，如今失去笔记本这些荣誉的象征物，他的失落与暴怒都是巨大的。

通过母亲的眼光打量桑桑，满头大汗，脸已脱色，手也冰凉，可见桑桑疼痛之剧烈，病情严重。

么没看见？"

母亲流着泪："你整天就只知道忙你的学校！你什么时候管过孩子？你还能看见孩子长了东西？两个月前，我就对你说过，你连听都没听进耳朵里去！……"

桑桑的头发都被汗水浸湿了。他的嘴唇一直在颤动着。他躺在母亲怀里，一次又一次地被疼痛袭击着。

桑乔这才发现眼前的桑桑清瘦得出奇：两条腿细得麻秆一般，胸脯上是一根根分明的肋骨，眼窝深深，眼睛大得吓人。

桑乔翻出两粒止痛片，让桑桑吃了，直到后半夜，桑桑的疼痛才渐渐平息下去。

通过父母的对话，可以得知桑乔一心扑在事业上，对孩子关心不够，母亲对此颇为不满。

二

桑乔带着桑桑去了镇上医院。几个医生都过来看。看了之后，都说："桑校长，早点带孩子去城里医院看，一刻也不能拖延。"

桑桑从医生们的脸上，更从父亲的脸上，看出了事情的严重。

当天，桑乔就带着桑桑去了县城。

桑桑去了三家医院。每一家医院的医生，都是在检查完他脖子上的肿块之后，拍拍他的头说："你先出去玩玩好吗？"桑乔就对桑桑说："你到外面玩一会儿，我马上就来。"桑桑就走出了诊室。但桑桑没有走出医院到外面

镇上医生异口同声让桑乔带儿子去城里看病，一刻不能拖延，可见桑桑病情十分严重。

去玩，而是坐在医院走廊里的长椅上。他不想玩，就一动不动地坐在椅子上等父亲。

桑桑能感觉到父亲的表情越来越沉重，尽管父亲做出来的是一副很正常的样子。但桑桑自己不知道自己是一种什么感觉。他只知道跟着父亲走进医院，走出医院，走在大街上。**他唯一感觉到的是父亲对他很温和，很温暖。父亲总是在问他："你想吃些什么？"而桑桑总是摇摇头："我不想吃什么。"但桑桑心里确实没有去想什么。**

天黑了。父子俩住进了一家临河小旅馆。

晚饭吃得有点沉闷。但桑桑还是吃了一些。**他发现父亲在吃饭时，一副心不在焉的样子，筷子放在菜盘里，却半天不知道夹菜。当父亲忽然地想到了吃饭时，又总是对**桑桑说："吃饱了饭，我们逛大街。"

这是桑乔带着桑桑第一回夜晚留宿城里。

桑桑跟着父亲在大街上走着。已是秋天，风在街上吹着时，很有了点凉意。街两旁的梧桐树，虽然还没有落叶，但已让人感觉到，再刮几起秋风，枯叶就会在这夜晚的灯光里飘落。父子俩就这样走在梧桐树下的斑驳的影子里。秋天夜晚的大街，反倒让人觉得比乡村的夜晚还要寂寞。

父亲看到桑桑落在了后面，就停住了，等他走上来时，说："还想逛吗？"

桑桑不知道自己的内心是想逛，还是不想逛。

父亲说："天还早，再走走吧。"

桑桑依然跟着父亲。

路过一个卖菱角的小摊，父亲问："想吃菱角吗？"

桑桑摇摇头。

路过一个卖茶鸡蛋的小摊,父亲问:"想吃茶鸡蛋吗?"

桑桑还是摇摇头。

又路过一个卖炸藕的小摊,父亲问:"吃段炸藕吧?"这回,他不等桑桑回答,就给桑桑买了一大段炸藕。

桑桑吃着炸藕,跟着父亲又回到了小旅馆。

过不一会儿,就下起晚雨来。窗外就是河。桑桑坐在窗口,一边继续吃炸藕,一边朝窗外望着。岸边有根电线杆,电线杆上有盏灯。**桑桑看到了灯光下的雨丝,斜斜地落到了河里,并看到了被灯光照着的那一小片水面上,让雨水打出来的一个个半明半暗的小水泡泡。他好像在吃藕,但吃了半天,那段藕还是那段藕。**

"不好吃,就不吃了。"父亲说完,就从桑桑手中将那段藕接过来,放在床头的金属盘里,"早点睡觉吧。"父亲给桑桑放好被子,并且帮着桑桑脱了衣服,让桑桑先钻进被窝里,然后自己也脱了衣服,进了被窝。这是个小旅馆,父子俩合用一床被子。

桑桑已经没有和父亲合用一床被子睡觉的记忆了,或者说,这种记忆已经很模糊了。**桑桑借着灯光,看到了父亲的一双大脚。他觉得父亲的大脚很好看,就想自己长大了,一双脚肯定也会像父亲的大脚一样很好看。但,就在他想到自己长大时,不知为什么鼻头酸了一下,眼泪下来了。**

父亲拉灭了灯。

桑桑困了,不一会儿就睡着了。但睡得不深。他隐

中国父母表达关爱的典型方式就是,给孩子提供各种好吃的。这是物质匮乏年代留下的痕迹,生存的艰辛,使得给孩子提供丰沛的食物成为骨子里的愿望。

桑桑心里也藏着很多困惑,只能把目光转向窗外,连雨丝斜落、雨水打出泡泡的明暗变化,这些细节都看到了。"那段藕还是那段藕",说明桑桑的心思其实早不在吃藕上面了。

这个情节,让人觉得心酸,虽然周围人都瞒着桑桑,父亲竭力装作正常,但是桑桑还是有隐隐的担忧,觉得自己或许不能长大了。

父亲对儿子的疼爱与怜惜。

隐约约地觉得父亲在用手抚摸着他的脚。**父亲的手，一会儿在他的脚面上来回地轻抚着，一会儿在轻轻地捏着他的脚趾头。到了后来，就用手一把抓住他的脚，一松一紧地捏着。**

桑桑终于睡熟。他醒来时，觉得被窝里就只有他一个人。他微微抬起头来，看见父亲正坐在窗口抽烟。天还未亮。**黑暗中，烟蒂一亮一亮地照着父亲的面孔，那是一张愁郁的面孔。**

桑乔难以入眠，抽烟是为了消愁，但是烟蒂照亮的依然是愁郁。

雨似乎停了，偶尔有几声叮咚水声，大概是岸边的柳树受了风吹，把积在叶子上的雨珠抖落到河里去了。

第二天，父亲带着桑桑回家了。

路过邱二妈家门口时，邱二妈问："校长，桑桑得的什么病？"

桑乔带着桑桑一路奔波，镇上医院、县上的三家医院，他知晓事情的严重，但又要瞒着儿子，回到家，面对邱二妈的问询，那一刻，他撑不住了。

桑乔竟然克制不住地在喉咙里呜咽起来。

邱二妈站在门口，不再言语，默默地看着桑桑。

桑桑还是那样跟着父亲，一直走回家中。

母亲似乎一下子就感觉到了什么，拉过桑桑，给他用热水洗着脸，洗着手。

桑乔坐在椅子上，低着头，一言不发。

老师们都过来了。但谁也没有向桑乔问桑桑究竟得了什么病。

篮球场上传来了阿恕们的喊声："桑桑，来打篮球！"

蒋一轮说："桑桑，他们叫你打篮球去呢。"

桑桑走出了院子。桑桑本来是想打一会儿篮球的。但走到小桥头，突然地不想打了，就又走了回来。**当他快走到院门口时，他听见了母亲的压抑不住的哭声。那哭声让**

对于母亲而言，儿子重病难医，跟天塌下来没有区别。

人想到天要塌下来了。

柳柳并不知道母亲为什么那样哭，直觉得母亲哭总是有道理的，也就跟着哭。

邱二妈以及老师们都在劝着母亲："师娘师娘，别这么哭，别这么哭，别让桑桑听见了……"

桑桑没有进院子。他走到了池塘边，坐在塘边的凳子上，呆呆地看着池塘里几条在水面上游动着的只有寸把长得极其瘦弱的小鱼。他想哭一哭，但心中似乎又没有什么伤感的东西。**他隐隐地觉得，他给全家，甚至给所有认识他的人，都带来了紧张、恐慌与悲伤。他知道，事情是十分严重的。然而，在此刻他却就是无法伤心起来。**

他觉得有一个人朝他走来了。他用两只细长的胳膊支撑在凳子上，转过头去看。他见到了温幼菊。

温幼菊走到了他跟前，把一只薄而柔软的手轻轻放在他的肩上："桑桑，晚上来找我一下好吗？"

桑桑点点头。他去看自己的脚尖，但脚尖渐渐地模糊了起来。

> 旋涡中心的桑桑，反而有异常的平静。

> 桑桑为什么看着脚尖变得渐渐模糊了？是看久了带来的晕眩，还是泪水模糊了眼睛？

三

桑桑最喜欢的男老师是蒋一轮，最喜欢的女老师是温幼菊。

温幼菊会唱歌，声音柔和而又悠远，既含着一份伤感，又含着一份让人心灵颤抖的骨气与韧性。她拉得一手好胡琴。琴上奏得最好的又是那曲《二泉映月》。夏末初秋的夜晚，天上月牙一弯，她坐在荷塘边上，拉着这首曲子，使不懂音乐的乡下人，也在心里泛起一阵莫名的悲愁。桑桑的胡琴就是温幼菊教会的。

在桑桑看来，温幼菊最让人着迷的还不仅仅在于她会唱歌，会拉胡琴，更在于她一年四季总守着她的药罐子。他喜欢看她熬药，看她喝药，看她一副弱不禁风的样子。温幼菊不管是在什么地方出现，总是那副样子。她自己似乎也很喜欢自己这个样子——这个样子使她感到自己很温馨，也很有人情。

因为她的房间一年四季总飘逸着发苦的药香，蒋一轮就在她的门上挂了一小块木牌，那上面写了两个字：药寮。

桑桑不懂"寮"是什么意思，蒋一轮就告诉他："寮就是小屋。"

温幼菊笑笑，没有摘掉牌子。她的小屋本就是熬药的地方。她喜欢熬药，甚至喜欢自己有病。"药寮"——这个名字挺古朴，挺雅的。

桑桑进屋子时，温幼菊正在熬药。

温幼菊坐在小凳上，见了桑桑，也给了他一张小凳，让他与她一起面对着熬药的炉子。

这是一只红泥小炉，样子很小巧。**此时，炭正烧得很旺，从药罐下的空隙看去，可以看到一粒粒炭球，像一枚枚蛋黄一样鲜艳，炉壁似乎被烧得快要熔化成金黄色的流动的泥糊了。**

立在炉上的那只黑色的瓦罐，造型土气，但似乎又十分讲究，粗朴的身子，配了一只弯曲得很优雅的壶嘴和一

这是温幼菊与命运相处的方式。她少时体弱多病，吃药成为日常，无法摆脱，就把它当作生命中的一部分，温和相待，平静中自有坚韧的风度。

把燃烧的炭球比作鲜艳的蛋黄，随着燃烧，炉壁变成了熔化了的金黄色泥糊，这个比喻生动有趣，并且极为细致。

个很别致的壶把。药已经煮开。壶盖半敞，蒸气推动着壶盖，使它有节奏地在壶口上弹跳着。蒸气一缕一缕地升腾到空中，然后淡化在整个小屋里，使小屋里洋溢着一种让人头脑清醒的药香。

在深秋的夜晚，听着窗外的秋风吹着竹林与茅屋，小红炉使桑桑感到十分温暖。

温幼菊没有立即与桑桑说话，只是看着红炉上的药罐，看着那袅袅飘起的淡蓝色的蒸气。她的神情，就像看着一道宁静的风景。

桑桑第一次这样认真地面对红炉与药罐。他有一种说不清楚的感觉。他好像也是挺喜欢看这道风景的。

温幼菊往罐里续了点清水之后，依然坐了下来。她没有看桑桑，望着红炉与药罐问他："害怕吗？"

桑桑说不清楚他到底是害怕还是不害怕。他甚至有点渴望自己生病。但他又确实感觉到了，事情似乎太严重了。他倒是有一种模模糊糊的孤独感。

桑桑望着炉口上似有似无的红焰，不说话。

"你来听听我的故事吧。"温幼菊回忆着，"我很早就失去了父母。我是奶奶把我带大的。我得永远记住我的奶奶，永生永世。**这倒不在于奶奶知我的冷热，知我的饥饱，而在于她使我学会了活着所必要的平静和坚韧。奶奶是个寡言的人。细想起来，奶奶没有留给我太多的话。在我的记忆里，最深刻的，只有她留下的两个字：别怕！**这几乎是她留给我的全部财富，但这财富是无比珍贵的。记得我七岁时，那年冬天，我望着门前那条冰河，很想走过去。我想站在对岸，然后自豪地大声叫奶奶，让她来看我。但我走到冰上时，却不敢再往前走了，虽然我明明知

"秋风""竹林""茅屋""小红炉"，有种古朴之美，既有隐逸于世外的悠然，亦有人情之温暖。

温幼菊的那种安静、平淡的力量在无言中传达给了桑桑，文字中营造了一种安然宁静的氛围。

桑桑渴望生病是因为能获得大家对他的关心爱护，但他却不想让大家因他而恐慌。他不明白自己的矛盾心理，因而也无法诉说，才感觉到了孤独。

奶奶的"别怕"给温幼菊老师留下了深刻印象，温老师的"别怕"也将给桑桑留下深刻印象，这种坚韧的品格代代相传。温幼菊用自己的经历告诉桑桑活着需要的平静和坚韧，这其实是一堂生命教育课。

道，冰已结得很厚很厚。这时，我感觉到身后的岸上，站着奶奶。我没有回头看她，但我能感觉到奶奶的目光——鼓励我的目光。**当我还在犹豫不决时，我听到了她的声音：别怕！奶奶的声音不大，但在我听来，却像隆隆的雷声。我走过去，走过去，一直走过去**……我登上了对岸，回头一看，奶奶正拄着拐棍站在寒冷的大风中，当时奶奶已经七十岁了。我没有大声地叫她。因为，我哭了……"

温幼菊用铁钩捅了几下炉子，炉口飞出一片细小的火星。

"十二岁那年，我生病了，非常非常严重的病。医生说，我只能再活半年。那天傍晚，我独自一人走到大堤上去，坐在一棵树下，望着正一寸一寸地落下去的太阳。我没有哭，但我能感觉到我的手与脚都是冰凉的。奶奶拄着拐棍来了。她没有喊我回家，而是在我身边坐下了。天黑了下来，四周的一切，都渐渐地被黑暗吞没了。风越吹越大，我浑身哆嗦起来。当我抬头去望奶奶时，她也正在望我。我在黑暗里，看到了她的那双慈祥的、永远含着悲悯的眼睛。我扑到她怀里，再也克制不住地哭泣起来。她不说话，只是用手抚摸着我的脑袋与肩头。**月亮升上来了，很惨白的一轮。**奶奶说：别怕！我伏在她腿上，竟然睡着了……后来的日子里，奶奶卖掉了她的一切，领着我四处治病。**每当我感到绝望时，奶奶总是那句话：别怕！听到这两个字，我就会安静下来。**那时，我既不感到恐怖，也不感到悲伤。我甚至那样想：我已见过太阳了，见过月亮了，见过麦地和风车了，见过那么多那么多的好人了，即使明天早上，真的走了，也没有什么遗憾了。我像所有那些与我年纪一样大的女孩子一样，觉得很快乐。奶奶每天

"隆隆的雷声"形象表达了奶奶的鼓励，带给七岁的小女孩怎样的震撼与影响。

此处的风景，与人内心的情感形成呼应。

这是面对苦难的风度，命运并不会因为撒泼打滚就格外厚待，面对不幸，坚韧地扛住，才有赢的可能。

给我熬药。而我每天都要喝下一碗一碗的苦药。我听从奶奶的，从不会少喝一口。喝完了，我朝奶奶笑笑……"

温幼菊将药倒进一只大碗，放上清水，接着再熬第二和。

停顿了很久，温幼菊才说："十七岁那年，我考上了师范学校。也就是那年秋天，奶奶走了。**奶奶活了八十岁。奶奶是为了我，才活了八十岁的。**奶奶临走前，抓住我的手。她已说不出话来了。但我从她微弱的目光里，依然听到了那两个字：别怕！"她没有看桑桑，但却把胳膊放在了桑桑的脖子上："桑桑，别怕……"

眼泪立即汪在了桑桑的眼眶里。

温幼菊轻轻摇着桑桑，唱起歌来。没有歌词，只有几个抽象的叹词：

> 咿呀……呀，
>
> 咿呀……呀，
>
> 咿呀……哟，
>
> 哟……
>
> 哟哟，哟哟……
>
> 咿呀咿呀哟……

这几个叹词组成无穷无尽的句子，在缓慢而悠长的节奏里，轻柔却又沉重，哀伤却又刚强地在暖暖的小屋里回响着。桑桑像一只小船，在这绵绵不断的流水一样的歌声中漂流着……

爱具有超越力量，沐浴在爱中的人，能够更加平和坦然地直面死亡。奶奶的爱和呵护，给了幼年温老师莫大的力量和勇气。

奶奶苦苦支撑，终于等到孙女长大，离开了人世。老人留下来的精神遗产是"别怕！"这两个字可以抵挡世间悲苦。

这首"无词歌"包含了命运的苦难和痛苦，用咏叹式表达无以言表的复杂的感情，纾解压抑的心情。

把歌声比喻成流水、桑桑比喻成一只漂流的小船，说明桑桑已沉浸在歌声中，感受到了歌声的力量。用如梦似幻的比喻，写出了桑桑得到抚慰的微妙心境。

四

桑乔丢下工作，领着桑桑去了苏州城看病。一个月下来，看了好几家医院，用尽了所带的钱，换得的却是与县城医院一样的结论。桑乔看过不少医书，知道医学上的事。**随着结论的一次又一次的相同，他已不再怀疑一个事实：桑桑不久后将离他而去。桑乔已不知道悲哀，只是在很短的时间内，长出一头白发。他总是在心里不停地责备自己对桑桑关注得太迟了——甚至在桑桑已经病得不轻的情况下，还为了那点荣誉凶狠地毒打了他。他对桑桑充满了怜悯与负疚。**

"这种病反而可能会被一些偏方治好。"抱着这一幻想，桑乔买了一些他深知是无用的药，领着桑桑又回到了油麻地，从此开始了对民间绝招的寻找。这个行动开始后不久，线索就一天一天地增多，到了后来，竟有了无数条线索。就像过去紧紧抓住任何一个可获取荣誉的机会一样，桑乔拼命抓住了这些听来可以夺回桑桑生命的线索。

在以后的许多日子里，油麻地的人经常看到的情景是：桑乔领着桑桑出门了，或是桑乔领着桑桑回家了。有时，是桑乔拉着桑桑的手在走路；有时，是桑乔背着桑桑在走路。有时是当天出门当天回来，有时则一两天或两三天才回来。归来时，总会有不少人走上前来观望。人们从桑乔脸上也看到过希望，但看到更多的是深深的无望。桑乔的样子一日比一日疲惫，而桑桑也在一日一日地消瘦。到了后来，人们再看到桑乔又从外面领着桑桑回来时，见

短时间内"长出一头白发"，这是一种多么浓郁的悲愁，可见父亲桑乔对桑桑的爱和关心。之前，因为桑桑的调皮忍不住生气，此刻面临着失去儿子的困境，桑乔充满了怜悯和负疚。

借助油麻地人的眼睛，看见桑乔父子频繁的出行，侧面反映出桑桑求医问药的艰辛。一系列的动作行为比直接描写求医的过程更让人痛心。

在经历了无数次的失望之后，桑乔也有些麻木了。

桑乔的表情都有点木讷了。桑乔依旧没有放弃任何一条线索，并且还在一个劲地寻找线索。他的行为几乎变成了一种机械性的行为，能在几天时间里面，就踏破一双鞋底。

油麻地的孩子们并不懂得桑桑的病究竟是一种什么样的病，但他们从桑桑父母的脸上和老师的脸上感觉到了在桑桑的身上究竟发生了什么。当桑桑出现时，他们总显出不知如何看待桑桑的样子而远远地站着不说话。**少数几个孩子，如秃鹤、阿恕，会走过来叫一声"桑桑"，但很快又不知道再与桑桑说些什么好了。那一声"桑桑"，声音是异样的，亲切而带了些怜悯。**

桑桑发现，他从未像今天这样被孩子们所注意。他有一种说不出的娇气感和莫名其妙的满足感。他哀伤而又甜美地接受着那一双双祝福与安慰的目光，并摆出一副"我生病了"的无力而不堪一击的样子。他忽然文静了，卫生了，就像当初纸月到油麻地小学来读书那会儿一样。所不同的是，现在，他又多了些娇气与软弱。他心安理得地接受着大家的照顾，用感激而温柔的目光去看着帮助着他的人。他还在断断续续地上课。老师们对他总是表扬，即使他的课堂回答并不理想，即使他的作业错得太多。桑桑也并不觉得这一切有什么不合适，只是稍稍有点害臊。

在无数双目光里，桑桑总能感觉到纸月的目光。

自从桑桑被宣布有病之后，纸月的目光里就有了一种似有似无的惊恐与哀伤。她会在人群背后，悄悄地去看桑桑。**而当桑桑偶然看到她的目光时，她会依旧望着桑桑，而不像往常那样很快将目光转到一边去。倒是桑桑先把目光转到了一边。**

纸月知道桑桑生病的当天，就告诉了外婆："桑桑生

▶ 孩子们也是有共情心的，因为生病的桑桑，他们更加小心翼翼，其中饱含着的是说不出来的关心和不舍。

▶ 纸月之前为什么把目光转开？现在又为什么不转开目光了？从前纸月害羞文雅，不会轻易表现自己对桑桑的关心。而现在却变得勇敢起来，用目光给桑桑支持与安慰。

病了。"

从那以后，纸月隔不几天，就会走进桑桑家的院子，或是放下一篓鸡蛋，或是放下一篮新鲜的蔬菜。她只对桑桑的母亲说一句话："是外婆让我带来的。"也不说是带给谁吃的。而桑桑的母亲在与邱二妈说起这些东西时，总是说："是纸月的外婆，带给桑桑吃的。"

那天，桑乔背着桑桑从外面回来时，恰逢下雨，路滑桥滑。**纸月老早看到了艰难行走着的他们，冒着雨，从操场边上的草垛上拔下了一大抱稻草，将它们厚厚地撒在了容易打滑的桥上。趴在桑乔背上的桑桑远远就看到了这一切。**当桑乔背着桑桑踏过松软的稻草走进校园里，桑桑看到了站在梧桐树下的纸月：她的头发已被雨水打湿，其中几丝被雨水贴在了额头上，瘦圆的下巴上，正滴着亮晶晶的雨珠。

冬天将要结束时，桑桑的身体明显地变坏了。他每天下午开始发烧，夜里睡觉时，动不动就一身虚汗，就像刚被从水中打捞出来一般。**早晨起来，桑桑有一种轻飘飘的感觉，仿佛自己不久就会像他的鸽子一样飘入空中。**也就在这越来越感无望的日子里，桑乔带着桑桑去外地求医时，偶然得到一个重要的线索：在离油麻地一百多里地的一个叫牙塘的地方，有个老医生，得祖传的医道与秘方，专治桑桑的这种病，治好了许多人。

这天，桑乔领着桑桑再一次出发了。

才开始，桑桑是拒绝出发的。他大哭着："我不去！我不去！"他不想再给自己治病了。**这些日子，他已吃尽了无数的苦头。苦药，他已不知喝下了多少碗。他甚至勇敢地接受了火针。一根那么长的针，烧得通红，向他脖子**

纸月有超乎同龄人的懂事，用默默无声的方式表达她的关心，用实际行动静静地帮助着桑乔父子。

作为桑桑，他能想到的死亡就是如"鸽子一样飘入空中"。

这里作者用了谈话的口吻，仿佛在一边比画一边给读者讲述。"无数的""多少""那么长"等描述体现出桑桑治病的痛苦。

上的肿块直扎了下去……

又是温幼菊将他叫进了她的"药寮"，她什么也没有说，只是像她的奶奶当年那样对桑桑说了一句话："别怕！"然后，就坐在红泥小炉的面前，望着药罐，唱起那天晚上唱的那首无词的歌……

文弱的温幼菊，却给了他神秘的力量。

一路上，桑桑的耳边总能听到那支歌。

随着与牙塘距离的缩短，事情似乎变得越来越有希望。桑乔一路打听着，而一路打听的结果是：**那个希望之所在，越来越清晰，越来越确定，越来越让人坚信不疑。**人们越来越仔细地向他描摹着那个叫高德邦的老医生的家史以及高家那种具有传奇色彩的医疗绝招。桑乔甚至碰到了一个曾被高德邦治好的病人。那是一个四十多岁的病人，他看了一下桑桑的肿块说："和我当时的肿块一模一样，也是长在脖子上。"然后他一边向桑乔诉说着高德邦的神奇，一边让桑乔看他的脖子——光溜溜的没有任何病相的脖子。**看了这样的脖子，桑乔笑了，并流下泪来。他朝他背上的桑桑的屁股上使劲地打了两下。**

而早已觉得走不动路的桑桑，这时要求下来自己走路。

桑乔同意了。

他们是在第三天的上午，走到牙塘这个地方边上的。当从行人那里认定了前面那个小镇就是牙塘时，他们却站住不走了，望着那个飘着炊烟的、房屋的屋顶几乎是清一色的青瓦盖成的小镇。**在桑乔眼里，这个陌生而普通的小镇，成了让他灵魂战栗的希望之城。牙塘！牙塘！**

他在心中反复念叨着这个字眼，因为，它与儿子的生

三个"越来越"，让人读着也随之兴奋起来，渴望桑桑的病能得到治疗。

桑乔笑着流泪，这是世间沉重的父爱，但是他表达情感的方式很特别，他朝桑桑的屁股使劲打了两下。

牙塘承载着桑桑治病的希望。无需用更多言语表达桑乔此刻的激动忐忑，两个重复的惊叹号充满力量感。

命休戚相关。

桑桑觉得父亲一直冰凉干燥的手，现在出汗了。

他们走进了镇子。

但仅仅是在半个小时之后，父子俩的希望就突然破灭了——

他们在未走进高家的院子之前，就已在打听高德邦家住哪儿时听到了消息："高德邦头年就已经去世了。"但桑乔还是拉着桑桑，坚持着走进了高家院子。接待他们的是高德邦的儿子。当他听明白了桑乔的来意之后，十分同情而不无遗憾地说："家父去年秋上过世了。"并告诉桑乔，高德邦是突然去世的，他们家谁也没有从高德邦那里承接下祖上那份医术。桑乔听罢，不知道自己是怎样拉着桑桑的手走出高家的院子的。

当天，桑乔没有领着桑桑回家，而是在镇上找了一家小旅馆住下了。**他突然地感到，他已再也抵挡不住沉重的疲倦。他两腿发软，已几乎走不动路了。**

桑桑也已疲倦不堪，进了小旅馆，和父亲一道上了床，倒头就睡。

五

桑乔和桑桑回到油麻地小学时，全校师生正在大扫除。地已扫得很干净了，但还在扫；玻璃已擦得很亮了，但还在擦。见了桑乔，从老师到学生，都一脸歉意。**因**

（旁注）

经历两天的行走，他们终于来到了希望之城——牙塘，桑乔紧张得手心冒汗，这是希望的力量。

作者用大量的篇幅描写桑乔一路越来越大的希望，而希望破灭得如此快速突然，使人来不及反应。

桑桑和桑乔，在不断的求医路上已经走了太久太久，在将要看到希望曙光的时候，突然破灭，桑乔父子来不及抱怨，也来不及想以后怎么办，只剩下疲倦。

为，一直挂在油麻地小学办公室墙上的那面流动红旗，在这两天进行的各学校互比中，被别的学校摘去了：油麻地小学从外部环境到内部教学秩序，皆一片混乱。昨天，当这面红旗被摘掉后，老师们立即想起了此时此刻正背着桑桑走在路上的桑乔，一个个都在心里感到十分不安，他们甚至有一种犯罪感。因此，今天从一早上就开始整理校园。他们要在桑乔和桑桑回来之前，将油麻地小学恢复到桑乔未丢下工作之前的水平。

桑乔带儿子出去寻医问药，学校生活变得一片混乱，也可以看出桑乔平日工作的辛勤与重要。

桑乔知道了这一切，苦笑了一声。

春天到了。一切都在成长、发达，露出生机勃勃的样子。但桑桑却瘦成了骨架。**桑桑终于开始懵懵懂懂地想到一个他这么小年纪上的孩子很少有机会遇到的问题：突然地，不能够再看到太阳了！**他居然在一天之中，能有几次想到这一点。因为，他从所有人眼睛中与行为上看出了这一点：大家都已经预感到了这不可避免的一天，在怜悯着他，在加速加倍地为他做着一些事情。他常常去温幼菊那儿。他觉得那个小屋对他来说，是一个最温馨的地方，他要听温幼菊那首无词歌，默默地听。他弄不明白他为什么那样喜欢听那首歌。

桑桑对于死亡的直观认识，就是有一天不能够再看到太阳。

他居然有点思念大家都不愿意看到的那一天。那时，他竟然一点也不感到害怕。因为，在想着这一天的情景时，他的耳畔总是飘扬着温幼菊的那首无词歌。于是，在他脑海里浮现的情景，就变得一点也不可怕了。

温幼菊老师那首无词歌和那句"别怕"，给了桑桑很多鼓励。

桑乔从内心深处无限感激温幼菊。因为，是她给了他的桑桑以平静，以勇气，使儿子在最后的一段时光里，依然那样美好地去看他的一切，去想他的明天。

桑桑对谁都比以往任何时候显得更加善良。他每做一件事，哪怕是帮别人从地上捡起一块橡皮，心里都为自己而感动。

桑桑愿意为人做任何一件事情：帮细马看羊，端上一碗水送给一个饥渴的过路人……他甚至愿意为羊，为牛，为鸽子，为麻雀们做任何一件事情。

这一天，桑桑坐到河边上，他想让自己好好想一些事情——他必须抓紧时间好好想一些事情。

一只黄雀站在一根刚刚露了绿芽的柳枝上。那柳枝太细弱了，不胜黄雀的站立，几次弯曲下来，使黄雀又不时地拍着翅膀，以减轻对柳枝的压力。

柳柳走来了。

自从桑桑被宣布有病之后，柳柳变得异常乖巧，并总是不时地望着或跟着桑桑。

她蹲在桑桑身边，歪着脸看着桑桑的脸，想知道桑桑在想些什么。

柳柳从家里出来时，又看见母亲正在向邱二妈落泪，于是问桑桑："妈妈为什么总哭？"

桑桑说："因为我要到一个很远很远的地方去。"

"就你一个人去吗？"

"就我一个人。"

"我和你一起去，你带我吗？"

"那个地方，只有我能去。"

"那你能把你的鸽子带去吗？"

"我带不走它们。"

"那你给细马哥哥了？"

"我和他已经说好了。"

"那我能去看你吗？"

桑桑觉得留给自己的时间恐怕不多了，对世间的一切温柔相待。

桑桑感觉到死亡脚步的临近，他觉得自己需要抓紧时间，对于一个孩子而言，需要抓紧在世上存活的时间，是多么残酷。

兄妹俩的对话使人泪下。

桑桑已经对鸽子进行了妥帖的安排，纵然死亡对孩子而言，过于残忍，但是他安静地安排着一切。

"不能。"

"长大了，也不能吗？"

"长大了，也不能。"

"那个地方好吗？"

"我不知道。"

"那个地方也有城吗？"

"可能有的。"

"城是什么样子？"

"城……城也是一个地方，这地方密密麻麻地有很多很多房子，有一条一条的街，没有田野，只有房子和街……"

柳柳想象着城的样子，说："我想看到城。"

桑桑突然想起，一次他要从柳柳手里拿走一个烧熟了的玉米，对她说："你把玉米给我，过几天，我带你进城去玩。"柳柳望望手中的玉米，有点舍不得。他就向柳柳好好地描绘了一通城里的好玩与热闹。柳柳就把玉米给了他。他拿过玉米就啃，还没等把柳柳的玉米啃掉一半，就忘记了自己的诺言。

桑桑的脸一下子红了……

第二天，桑桑给家中留了一张纸条，带着柳柳离开了家。他要让柳柳立即看到城。

到达县城时，已是下午三点。那时，桑桑又开始发烧了。他觉得浑身发冷，四肢无力。但，他坚持着拉着柳柳的手，慢慢地走在大街上。

被春风吹拂着的县城，似乎比以往任何时候都要迷人。城市的上空，一片纯净的蓝，太阳把城市照得十分明亮。街两旁的垂柳，比乡村的垂柳绿得早，仿佛飘着一街

柳柳的追问充满童真，桑桑的回答很简单，但此刻的他懂事得令人心痛，需要多大的勇气才可以跟小妹妹开诚布公谈论死亡。

在离开的日子逼近的时候，桑桑想起了从前的承诺，对妹妹有点愧疚，想要好好弥补。曾经那些看起来多么稀松任性的日常，此刻都显得无比珍贵。

县城的车水马龙、明媚光景，显得迷人繁华，作为可能是兄妹最后一次一起进城的画面，总要留下明媚，留下回忆。

绿烟。一些细长的枝条飘到了街的上空,不时地拂着街上行人。满街的自行车,车铃声响成密密的一片。

柳柳有点恐慌,紧紧抓住桑桑的手。

桑桑将父亲和其他人给他的那些买东西吃的钱,全都拿了出来,给柳柳买了各式各样的食品。还给她买了一个小布娃娃。他一定要让柳柳看城看得很开心。

桑桑的最后一个节目,是带柳柳去看城墙。

这是一座老城。在东南一面,还保存着一堵高高的城墙。

桑桑带着柳柳来到城墙下时,已近黄昏。桑桑仰望着这堵高得似乎要碰到了天的城墙,心里很激动。他要带着柳柳沿着台阶登到城墙顶上,但柳柳走不动了。他让柳柳坐在了台阶上,然后脱掉了柳柳脚上的鞋。**他看到柳柳的脚板底打了两个豆粒大的血泡。他轻轻地揉了揉她的脚,给她穿上鞋,蹲下来,对她说:"哥哥背你上去。"**

柳柳不肯。因为母亲几次对她说,哥哥病了,不能让哥哥用力气。

但桑桑硬把柳柳拉到了背上。他吃力地背起柳柳,沿着台阶,一级一级地爬上去。过不一会儿,冷汗就大滴大滴地从他额上滚了下来。

柳柳用胳膊搂着哥哥的脖子,她觉得哥哥的脖子里尽是汗水,就挣扎着要下来。但桑桑紧紧地搂着她的腿不让她下来。

那首无词歌的旋律在他脑海里盘旋着,嘴一张,就流了出来:

咿呀……呀,

在健康的日子里,桑桑更多是在跟同学玩闹,病重时刻,却给予小妹妹如此多的柔情。

桑桑要背柳柳,是对妹妹的疼惜;而柳柳不让桑桑背,也是对哥哥的疼惜。兄妹俩都为对方着想,相互体贴的行为让人动容。

平日里嬉闹闯祸的桑桑,此刻对妹妹却是无限疼爱,似是在弥补,又似在自己离开之前,尽全力给妹妹全部的爱。

咿呀……呀，

咿呀……哟，

哟……

哟哟，哟哟……

咿呀咿呀哟……

登完一百多级台阶，桑桑终于将柳柳背到了城墙顶上。

往外看，是大河，是无边无际的田野；往里看，是无穷无尽的房屋，是大大小小的街。

城墙顶上有那么大的风，却吹不干桑桑的汗。他把脑袋伏在城墙的空隙里，一边让自己休息，一边望着远方：太阳正在遥远的天边一点一点地落下去……

柳柳往里看看，往外看看，看得很欢喜，可总不敢离开桑桑。

太阳终于落尽。

当桑乔和蒋一轮等老师终于在城墙顶上找到桑桑和柳柳时，桑桑已经几乎无力再从地上站起来了……

> 吹不干的汗，说明桑桑背柳柳登城墙已经耗尽全力，极端虚弱。

> 一方面，柳柳因为看到不一样的风景而觉得欣喜和惊奇，但另一方面，她也模糊感受到哥哥不舒服，眷恋着哥哥。

> 落下的太阳和倒在城墙顶上的桑桑，形成了一种奇妙的对应关系；就像人们常把夕阳和衰老、死亡联系在一起。

六

桑桑脖子上的肿块在迅速地增大。离医生预见的那个日子，也已越来越近。但无论是桑桑还是父母以及老师们，反而比以往任何时候都显得平静。桑乔不再总领着桑死亡必然到来的时候，或许最好的结局就是安宁。

桑去求医了。他不愿再看到民间医生们那些千奇百怪的方式给桑桑带来的肉体的痛苦。**他想让桑桑在最后的时光里不受打扰，不受皮肉之苦，安安静静地活着。**

在这期间，发生了一件事情：纸月的外婆去世了。

桑桑见到纸月的小辫上扎着白布条，是在小桥头上。那时，桑桑正趴在桥栏杆上望着池塘里刚刚钻出水面的荷叶尖尖。

"白布条"是纸月为外婆守孝戴上的，在桑桑眼里，布条成了纸月的一部分。眼前总有"白布条"飘动，此处使用了借代手法，表明桑桑对纸月的惦念与关怀。

纸月走过之后，那个白布条就在他眼中不时地闪现。桑桑很伤感，既为自己，也为纸月。一连几天，那根素净的白布条，总在他眼前飘动。这根飘动的白布条，有时还独立出来，成为一个纯粹而优美的情景。

夏天到了，满世界的绿，一日浓似一日。

接连不断的厄运使人心情况重。夏天到了，象征生机的绿色愈发浓郁，一切有可能好转吗？

这天，桑乔从黑暗中的墙上摘下了猎枪，然后反复擦拭着。他记得几年前的一天，桑桑曾望着墙上挂着的这支猎枪对他说："爸，带我打猎去吧。"桑乔根本没有理会他，并告诫他："不准在外面说我家有支猎枪！"桑桑问："那为什么？"桑乔没好气地说："不为什么！"后来，桑乔几次感觉到桑桑总有一种取下猎枪来去打猎的愿望。但他用冷冷的目光熄灭了桑桑的念头。**现在，他决定满足儿子的愿望。他不再在乎人们会知道他从前是一个低贱的猎人。**

桑乔曾经那么急切要洗刷掉猎人的印迹，用荣誉洗刷曾经的卑微，但是此刻对儿子的爱与歉疚，使得他不再在乎众人的目光。儿子的愿望大于一切，不让儿子留下任何的遗憾比自己的荣誉感更重要。其实，桑乔那么深沉地爱着桑桑。

桑乔要给桑桑好好打一回猎。

打猎的这一天，天气非常晴朗。

桑乔完全是一副猎人的打扮。他头戴一顶草帽，腰束一根布带。布带上挂着一竹筒火药。裤管也用布束了起来。当他从校园里走过时，老师和学生们竟一时没有认出他来。他已一点也不再像斯文的"桑校长"。

走过田野时，有人在问："那是谁？"

"桑校长。"

"别胡说了，怎么能是桑校长？"

"就是桑校长！"

"桑校长会打猎？"

"怕是从前打过猎。"

桑乔听到了，转过身来，摘下草帽，好像在让人看个清楚：我就是桑乔。

桑桑跟在父亲身后，心里很兴奋。

桑乔选择了桑田作为猎场。

一块很大很大的桑田。一望无际的桑树，棵棵枝叶繁茂，还未走进，就远远地闻到了桑叶所特有的清香。没有一丝风，一株株桑树，好像是静止的。

桑桑觉得桑田太安静了，静得让他不能相信这里头会有什么猎物。

然而，桑乔一站到田头时，脸上就露出了微笑："别出声，跟着我。"

桑乔从肩上取下枪，端在手中，跑进了桑田。

桑桑很奇怪，因为他看到父亲在跳进桑田时，仿佛是飘下去的，竟然没有发出一点声音，倒是他自己尽管小心翼翼，双脚落地时，还是发出了一丝声响。

桑乔端着枪在桑树下机敏而灵活地走着。

桑桑紧张而兴奋地紧紧跟随着。自从他被宣告有病以来，还从未有过这种心情。

桑乔转过头来，示意桑桑走路时必须很轻很轻。

桑桑朝父亲点点头，像猫一般跟在父亲身后。

桑乔突然站住不走了，他等桑桑走近后，把嘴几乎贴

为了儿子的愿望，桑乔既然决定正对自己的"历史"，就要做得坦坦荡荡，不再藏着掖着。

通过动作的对比，表现出桑乔曾经作为猎人的专业素养。

"像猫一般"这一比喻写出桑桑努力做到轻盈、安静、警敏，初次打猎，机会难得，他很兴奋，小心翼翼跟着父亲。

在了桑桑的耳朵上："那儿有两只野鸡！"

桑桑顺着父亲的手指，立即看到在一棵桑树的下面，一只野鸡蹲在地上，一只野鸡立在那里。都是雄鸡，颈很长，羽毛十分好看，在从桑叶缝隙筛下的阳光下一闪一闪地亮，仿佛是两个稀罕的宝物藏在这幽暗的地方。**桑桑的心在扑通扑通地跳，让桑桑觉得它马上就要跳出来了，他立即用手紧紧捂住嘴，两只眼睛则死死盯住桑树下的那两只野鸡。**

桑乔仔细检查了一下猎枪，然后小声地对桑桑说："我点一下头，然后你就大声地喊叫！"

桑桑困惑地望着父亲。

"必须把它们轰赶起来。翅膀大张开，才容易被击中。"

桑桑似乎明白了，朝父亲点了点头，眼一眨不眨地看着父亲。一见到父亲点头，他就猛地朝空中一跳，大声叫喊起来："嗷——嗷——"

两只野鸡一惊，立即扇动翅膀向空中飞去。野鸡的起飞，非常笨拙，加之桑树的稠密，它们好不容易才飞出桑林。

桑乔的枪口已经对准了野鸡。

"爸，你快开枪呀！"
桑乔却没有开枪，只是将枪口紧紧地随着野鸡。

野鸡扇动着翅膀，已经飞到四五丈高的天空。只见阳光下，五颜六色的羽毛闪闪发光，简直美丽极了。

桑乔说了一声"将耳朵捂上"，少顷，开枪了。

桑桑即使用双手捂住了耳朵，还仍然觉得耳朵被枪声震麻了。他看到空中一片星星点点的火花，并飘起一缕

左侧旁注：

桑桑的心"马上就要跳出来了"写出桑桑初次看到猎物的紧张；他"紧紧捂住嘴"，是害怕发出任何声音，惊吓到野鸡。

桑桑的急切，桑乔的镇静，再次形成鲜明对比。做一个好猎手，需要冷静沉着，把握最佳时机。

蓝烟。随即，他看到两只野鸡在火花里一前一后地跌落了下来。他朝它们猛跑过去。桑树下，他分别找到了它们。然后，他一手抓了一只，朝父亲跑过来，大声叫着："爸爸！爸爸！你看哪！"他朝父亲高高地举起了那两只野鸡。

桑乔看到儿子那副高兴得几乎发狂的样子，抓着猎枪，两眼顿时湿润了……

桑乔此刻的感受异常复杂，他看到儿子高兴的样子，很欣慰，但是想到儿子的病，又十分痛苦……

七

田猎后大约一个星期，纸月走进了桑桑家的院子。桑桑不在家。纸月把一个布包包交给了桑桑母亲："师娘，等桑桑回来，交给桑桑。"

桑桑的母亲打开布包，露出一个书包来。那书包上还绣了一朵好看的红莲。那红莲仿佛在活生生地开放着。

"书包是我妈做的，可结实了，能用很多年很多年。"纸月把"很多年很多年"重重地说着。

桑桑的母亲明白纸月的心意，心一热，眼角上就滚下泪珠来。她把纸月轻轻拢到怀里。桑桑的母亲最喜欢的女孩儿，就是纸月。

书包对纸月而言，是妈妈留下的最珍贵的礼物。纸月把书包送给桑桑，是无比诚挚的心意。"很多年很多年"是纸月对桑桑能够健康长久的美好祝愿。纸月是一个心思细腻的女孩儿。

纸月走了。但走出门时，她转过头来，又深情地看了一眼桑桑的母亲，并朝桑桑的母亲摇了摇手，然后才离去。

纸月郑重的道别和礼物，其实充满了诀别意味。

从外面回来的桑桑，在路上遇见了纸月。

桑桑永远改不了害羞的毛病。他低着头站在那儿。

纸月却一直看着桑桑。

当桑桑终于抬起头来时，他看到纸月不知为什么两眼汪满了泪水。

纸月走了。

桑桑觉得纸月有点异样。但他说不清楚她究竟是为什么。

第二天，纸月没有来上学。第三天、第四天，纸月仍然没有来上学。

第四天晚上，桑桑听到了消息：纸月失踪了，与她同时失踪的还有浸月寺的慧思僧人。

不知为什么，当桑桑听到这个消息时，他并不感到事情有多么蹊跷。

板仓地方上的人，似乎也不觉得事情有多么蹊跷。他们居然根本就没有想到要把这个事情报告给上头，仿佛有一对父女俩，偶然地到板仓住了一些日子，现在不想再住了，终于回故乡去了。

过了些日子，桑桑对母亲说出去玩一会儿，却独自一人走到了浸月寺。

寺门关着。四周空无一人，只有寺庙的风铃，在风中寂寞地响着。

桑桑坐在台阶上，望着那条穿过林子的幽静小道。他想象着纸月独自一人走到寺庙来的样子。不知为什么，他在心里认定了，纸月是常常从这条小道上走进寺院的，那时，她心中定是欢欢喜喜的。

桑桑陷入了困惑与茫然。人间的事情实在太多，又实在太奇妙。有些他能懂，而有些他不能懂。不懂的也

刚经历过外婆的离世，此刻竟还要同自己的朋友分别，纸月的难过与不舍，都藏在眼泪里。

这里虽未点破纸月和慧思和尚的关系，但在不断的暗示和伏笔中已经道破了一个真相——慧思和尚可能就是纸月的父亲。

板仓的人们选择用宽容、释然的态度，去看待这件事。

许永远也搞不懂了。他觉得很遗憾。近半年时间里发生的事情，似乎又尤其多，尤其出人意料。现在，纸月又突然地离去了。他不知道，是不是所有的人，都是在这一串串轻松与沉重、欢乐与苦涩、希望与失落相伴的遭遇中长大的。

他在台阶上坐了很久。有一阵，他什么也不去想，就光听那寂寞的风铃声。

> 或许喜忧参半才是成长的真相，磨难与挫折也是成长的必经之路。被病痛折磨的桑桑，一边见证着真挚的亲情、友情、师生情，一边在磨难中成长。

八

桑桑坚持上学，并背起了纸月送给他的书包。他想远方的纸月会看到他背着这个书包上学的。他记着母亲转述给他的纸月的话——"很多年很多年"。他在心里暗暗争取着，绝不让纸月失望。

桑桑比以往任何时候都显得刚强。

仲夏时节，传来一个消息，有人在江南的一座美丽的小城看到了纸月与慧思僧人。那小城本是慧思的故乡。他已还俗了。

> 读懂书中的暗示，能把其他情节沟通起来，并顿时豁然开朗。

也是在这一时节，油麻地来了一个外地的郎中。当有人向他说起桑桑的病后，他来到了油麻地小学。看了桑桑的病，他说："我是看不了这个病，但我知道有一个人能看。他是看这个病的高手。"于是，留了那个高手的姓名与地址。

桑乔决定再带着桑桑去试一下。

那个地方已出了本省。父子俩日夜兼程，三天后才找到那个地方。那个高手已是八十多岁的老人。他已不能站立，只是瘫坐在椅子上，脑袋稳不住似的直晃悠。**他颤颤抖抖地摸了摸桑桑脖子上的肿块，说："不过就是鼠疮。"**

桑乔唯恐听错了："您说是鼠疮？"

"鼠疮。"老人口授，让一个年轻姑娘开了处方，"把这药吃下去，一日都不能间断。七天后，这孩子若是尿出棕色的尿来，就说明药已有效应了。带孩子回去吧。"

桑乔凭他的直觉，从老人的风骨、气质和那番泰然处之的样子上，认定这一回真的遇上高手了。**他向老人深深鞠了一躬，并让桑桑也深深鞠了一躬。**

此后，一连几个月，桑桑有许多时间是在温幼菊的"药寮"里度过的。

温幼菊对桑桑的父母说："我已熬了十多年的药，我知道药该怎么熬。让我来帮你们看着桑桑喝药吧。"她又去买了一只瓦罐，作为桑桑的药罐。

红泥小炉几乎整天燃烧着。

温幼菊轮番熬着桑桑的药和她自己的药，那间小屋整天往外飘着药香。

一张桌子，一头放了一张椅子。在一定的时刻，就会端上两只大碗，碗中装了几乎满满一下子熬好的中药。温幼菊坐一头，桑桑坐一头。未喝之前十几分钟，他们就各自坐好，守着自己的那一碗药，等它们凉下来好喝。

整个喝药的过程，充满了庄严的仪式感。

桑桑的药奇苦。那苦是常人根本无法想象的。但是，当他在椅子坐定之后，就再也没有一丝恐怖感。**他望着那碗棕色的苦药，耳畔响着的是温幼菊的那首无词歌。此时此刻，他把喝药看成了一件悲壮而优美的事情。**

七天后，桑乔亲自跟着桑桑走进厕所。他要亲眼观察桑桑的小便。当他看到一股棕色的尿从桑桑的两腿间细而有力地冲射出来时，他舒出一口在半年多时间里一直压抑于心底的浊气，顿时变得轻松了许多。

桑乔对温幼菊说："拜托了。"

温幼菊说："这将近半年的时间里，你们，包括纸月在内的孩子们，让桑桑看到了许多这世界上最美好的东西，他没有理由不好好吃药。"

一个月后，桑桑脖子上的肿块开始变软并开始消退。

就在桑桑临近考初中之前，他脖子上的肿块居然奇迹般地消失了。

这天早晨，桑乔手托猎枪，朝天空扣动了扳机。

桑乔在打了七枪之后，把猎枪交给了桑桑："再打七枪！"

桑桑抓起那支发烫的猎枪，在父亲的帮助下，将枪口高高地对着天空。

当十四声枪响之后，桑桑看着天空飘起的那一片淡蓝色的硝烟，放声大哭起来。

桑桑虽然没有死，但桑桑觉得他已死过一回了。

桑桑久久地坐在屋脊上。

桑桑已经考上了中学。桑乔因为工作出色，已被任命到县城边上一所中学任校长。桑桑以及桑桑的家，又要随着父亲去另一个陌生的地方。

桑桑去了艾地，已向奶奶作了告别。桑桑向蒋一轮、

像奶奶给过幼年温老师的力量那般，温老师如今也给了桑桑勇气和力量，抚平他的恐惧和不安。

作者行文从容不迫。生病与痊愈两部分详略得当，毫不拖泥带水，干脆利落。

此时的十四声枪响，既是发泄所有的压抑与痛苦，更是对十四岁儿子无限的期许与祝福。

桑桑治病期间，死亡的阴云一直笼罩在他的头上。他所受到的心理或生理上的痛苦，不亚于死亡。同时身边人的照顾和不舍，亲情的牵绊，命运的垂青，使他获得新生。

与文章序幕呼应，交代桑桑离开的原因。

温幼菊、杜小康、细马、秃鹤、阿恕……几乎所有的老师和孩子们，也一一作了告别。

桑桑无法告别的，只有纸月。但桑桑觉得，他无论走到哪儿，纸月都能看到他。

油麻地在桑桑心中是永远的。

桑桑望着这一幢一幢草房子，泪水朦胧之中，它们连成了一大片金色。

鸽子们似乎知道了它们的主人将于明天一早丢下它们永远地离去，而在空中盘旋不止。**最后，它们首尾相衔，仿佛组成了一只巨大的白色花环，围绕着桑桑忽高忽低地旋转着。**

桑桑的耳边，是好听的鸽羽划过空气发出的声响。他的眼前不住地闪现着金属一样的白光。

一九六二年八月的这个上午，油麻地的许多大人和小孩，都看到了空中那只巨大的旋转着的白色花环……

鸽子仿佛也通灵性，它们组成巨大花环，是给桑桑的成长加冕。"金属一样的白光""巨大的旋转着的"等短语体现出这个场景的震撼、壮观。

这是对桑桑成长仪式的见证。

讨 论

▼

> 1 ⟨

桑桑生病求医的过程中都发生了哪些事情？

桑桑深夜痛醒，天亮后桑乔带着桑桑去了镇上医院，医生都觉得情况不妙，桑乔就带着桑桑去了县城，看了三家医院，病势沉重。

桑乔领着桑桑去了苏州城看病，一个月下来，看了好几家医院，换得的却是与县城医院一样的结论。

桑乔开始了对民间绝招的寻找，不停地奔波。桑桑喝下了不知多少碗苦药，甚至勇敢地接受了火针。

越来越感无望的日子里，桑乔听说牙塘有个老医生，专治桑桑的这种病。但是到达牙塘，高德邦已经去世，希望再次破灭。

桑桑脖子上的肿块在迅速地增大，桑乔不再总领着桑桑去求医了。他不愿让儿子再忍受皮肉之苦。

油麻地来了一个外地的郎中，留下一个高手的姓名与地址。桑乔父子俩日夜兼程，找到高手，老医生摸了摸桑桑脖子上的肿块，说："不过就是鼠疮。"给桑桑开了药。

桑桑的药奇苦，但他坚持喝下去。一个月后，桑桑脖子上的肿块开始变软并开始消退，临近考初中之前，他脖子上的肿块居然奇迹般地消失了。

桑桑生病求医的过程漫长曲折，充满痛苦，但是桑桑也得到了家人、老师、同学的很多关爱，正是这些关爱，支撑着他，最终他得到命运垂青，遇到高手得以治愈。

> 2 <

《草房子》的结构有什么特点？

每一章围绕一个中心人物展开，像是人物小传，但是桑桑作为线索人物，始终存在，隐含的线索是桑桑的成长。

> 3 <

《草房子》有哪些人物，你最喜欢谁？为什么？

曹文轩用心塑造鲜活的人物形象，《草房子》中有机智善良、爱动小心思却很可爱的桑桑；有自带光环，在苦难中不卑不亢，迅速成长的杜小康；有坚韧倔强，成为破碎家庭顶梁柱的细马；有温柔宁静、秀外慧中的小女孩纸月；有美丽的白雀姐姐；有在爱情中沉沦、摇摆的蒋一轮老师；有平和柔韧、与药相伴的温幼菊老师；有出色的校长、严格的父亲桑乔等。正是这丰富的人物长廊撑起了曹文轩的文学世界。同学们喜欢某个人物，可以见仁见智。

后　记

　　评点是经典的批评方式，如金圣叹评点《水浒传》，脂砚斋评点《红楼梦》，毛宗岗评点《三国演义》，李卓吾评点《西游记》。大师们树立了评点这一批评方法的范式，让我们看到读者与作者之间的灵魂碰撞，惺惺相惜，明白世间有一种很珍贵的情谊叫"懂得"。同时他们的评点也能够帮助其他读者更好地走进作品，进一步品味小说的艺术，为那些"微妙"击节赞赏，学习写作的技法。

　　写这套书是向那些遥远的前辈致敬，更是向我的导师学习。我人生中最幸运的事情之一就是考上北大，成为曹文轩老师的学生。曹老师不仅天资聪颖、才华出众，就连勤奋程度都令我汗颜。我曾经帮助曹老师整理手稿，上面那些密密麻麻又工整清秀的批注随处可见。一篇作品从故事的孕育，到具体的修辞方式、语言表达，甚至标点符号都一再被修改、调整。他还会随身携带一个本子，不论是在机场、车站，还是会议间隙，只要有灵感，都会写下来。而那些句子、词语，一有合适的时机重新在他笔下茁壮成长。很多人羡慕曹老师著作等身，却不知他是把整个生命都投入到创作中的。

　　点评《油麻地》《大麦地》《菊坡》《稻香渡》《小豆村》这五本书，是个难得的机会，我能够重读这些珍爱的书，在阅读过程中沉静下来，细细揣摩文字的妙处，修辞的精准，布局的用心。这是一个愉快的对话过程，与作品对话，与作者对话，与读者对话，尝试同小朋友一起跟作者学习写作。

　　世事向来不乏困苦艰辛，人生难免惆怅失落，但我一直对命运心存感激：能够在最好的年龄，在燕园学习，遇到杰出的老师；博士毕业后，又能到北师大教书，遇到优秀的学生。我在"中国儿童文学研读"课程上，曾经不止一次讲授过曹老师的作品，那些研讨、争论，都深深地影响了我，刷新着我对作品的认知，对儿童文学的认知。在此，我要感谢北京师范大学儿童文学硕士生洪斌、谢喆、张钰雪，本科生周稚芸、施舒婷、卢思敏等同学，谢谢你们的陪伴，读书会上的切磋让我真切领略"教学相长"的含义。你们也为这套书，贡献了切实的建议与精彩的点评，谢谢你们。

　　为了让读者更好地理解曹老师的作品，我同时在直播间开设了相关课程，课程二维码附在书的封底，可以扫码收听。希望这套书能够帮助大家，深入小说的细部，探讨艺术的微妙，并且了解这些妙处是如何形成的，对我们的写作有何借鉴意义。简单说，我们不仅关注书里讲了一个怎样的故事，而且关心曹老师"如何讲故事"。希望大家与书为伴，从中获得快乐、智慧与勇气。

孙海燕

2020年7月于北师大主楼办公室